Edgardo Castro
UMA NOVA INTRODUÇÃO A
FOUCAULT
Guia para organizar e entender
uma obra em movimento

FILŌMARGENS   autêntica

Edgardo Castro
UMA NOVA INTRODUÇÃO A
FOUCAULT
Guia para organizar e entender
uma obra em movimento

2ª edição – revista e ampliada

TRADUÇÃO Luis Reyes Gil

Copyright © 2014 Edgardo Castro
Copyright desta edição © 2024 Autêntica Editora

Título original: *Introducción a Foucault*

Todos os direitos reservados pela Autêntica Editora Ltda. Nenhuma parte desta publicação poderá ser reproduzida, seja por meios mecânicos, eletrônicos, seja via cópia xerográfica, sem a autorização prévia da Editora.

COORDENADOR DA COLEÇÃO FILÔ
Gilson Iannini

CONSELHO EDITORIAL
Gilson Iannini (UFMG); *Barbara Cassin* (Paris); *Carla Rodrigues* (UFRJ); *Cláudio Oliveira* (UFF); *Danilo Marcondes* (PUC-Rio); *Ernani Chaves* (UFPA); *Guilherme Castelo Branco* (UFRJ); *João Carlos Salles* (UFBA); *Monique David-Ménard* (Paris); *Olímpio Pimenta* (UFOP); *Pedro Süssekind* (UFF); *Rogério Lopes* (UFMG); *Rodrigo Duarte* (UFMG); *Romero Alves Freitas* (UFOP); *Slavoj Žižek* (Liubliana); *Vladimir Safatle* (USP)

EDITORAS RESPONSÁVEIS
Rejane Dias
Cecília Martins

REVISÃO DE TRADUÇÃO
Natan Kremer

REVISÃO
Aline Sobreira

PROJETO GRÁFICO
Diogo Droschi

CAPA
Alberto Bittencourt
(Sobre imagem de Raymond Depardon/ Magnum Photos)

DIAGRAMAÇÃO
Waldênia Alvarenga

Dados Internacionais de Catalogação na Publicação (CIP)
(Câmara Brasileira do Livro, SP, Brasil)

Castro, Edgardo
  Uma nova introdução a Foucault : guia para organizar e entender uma obra em movimento / Edgardo Castro ; tradução Luis Reyes Gil. -- 2. ed. rev. amp. -- Belo Horizonte : Autêntica, 2024. -- (Filô/Margens)

  Título original: *Introducción a Foucault*.
  ISBN 978-85-8217-467-8

  1. Filosofia francesa 2. Foucault, Michel, 1926-1984 I. Título. II. Série.

14-08819   CDD-194

Índice para catálogo sistemático:
1. Filosofia francesa 194
2. Filósofos franceses : Biografia e obra 194

Belo Horizonte
Rua Carlos Turner, 420
Silveira . 31140-520
Belo Horizonte . MG
Tel.: (55 31) 3465 4500

São Paulo
Av. Paulista, 2.073, Conjunto Nacional
Horsa I . Sala 309 . Bela Vista
01311-940 . São Paulo . SP
Tel.: (55 11) 3034 4468

www.grupoautentica.com.br
SAC: atendimentoleitor@grupoautentica.com.br

*Para minha filha Margarita
e em memória de Roberto Machado (1942-2021).*

*Não escrevo um livro para que seja o último.
Escrevo para que outros livros sejam possíveis,
não necessariamente escritos por mim.*
Foucault, 1994, v. II, p. 162; *v. V, p. 198.*

11. **Introdução**
   Um guia de livros e leituras para
   explicar quem é Michel Foucault

19. **Capítulo 1: Os anos de aprendizagem**
21. Três jovens hegelianos
26. Entre filosofia e psicologia
33. Nas origens da ideia de arqueologia: a leitura de Husserl
39. Crítica e antropologia

49. **Capítulo 2: Da história da psicologia à história da loucura**
50. A doença mental, entre significado e dialética
59. As naves, a grande reclusão, o asilo psiquiátrico
69. Retorno a Kant

73. **Capítulo 3: A linguagem da literatura e a arqueologia dos saberes**
75. Loucura e literatura
77. O olhar médico
82. Uma arqueologia dos saberes
89. As ciências humanas e a morte do homem
95. A tarefa da filosofia e a época do arquivo integral

107. **Capítulo 4: A sociedade de normalização**
113. A vontade de verdade
123. A época do panoptismo
136. A sexualidade: ironia de um dispositivo
143. O governo da população

159. **Capítulo 5: Uma genealogia do sujeito**
161. O poder pastoral
167. Dizer a verdade sobre si mesmo
176. O sujeito e o desejo
179. A reformulação de *História da sexualidade*
182. A época do cuidado de si mesmo
189. A parrésia

195. **Cronologia**
201. **Bibliografia**

Introdução
Um guia de livros e leituras para explicar quem é Michel Foucault

Em 25 de junho de 1984, falecia em Paris Michel Foucault. Deixava publicados pouco mais de uma dezena de livros e centenas de textos mais breves (artigos, entrevistas, prefácios etc.). *História da loucura na Época Clássica*, *As palavras e as coisas*, *A arqueologia do saber*, *Vigiar e punir* e *História da sexualidade* eram as obras às quais, então, era preciso remeter para explicar quem era Michel Foucault.

Passadas quatro décadas, a resposta a essa pergunta já não nos parece tão evidente. Certamente, não porque Foucault tenha deixado de ser o autor desses livros emblemáticos do século XX, que transcenderam os limites das línguas e das disciplinas e o converteram em um dos pensadores mais citados no campo das humanidades, nem pela prolífica literatura secundária sobre sua obra; mas pelo surgimento de novos trabalhos do próprio autor, editados postumamente e para além de sua expressa vontade testamentária.

Com efeito, a partir de 1997, começaram a ser publicados seus cursos no Collège de France, ditados entre 1971 e 1984. Essa série, cuja edição foi concluída em 2015, reúne um número de volumes equivalente ao de todos os livros publicados em vida pelo autor. Também apareceram outros cursos, na Bélgica e nos Estados Unidos, volumes temáticos com aulas, conferências ou transmissões de rádio, bem como sua tese complementar de doutorado sobre a *Antropologia*, de Kant, e o muito aguardado *As confissões da carne*, quarto volume de *História da sexualidade*. E, mais recentemente, pôs-se em marcha uma nova série, reunindo seus cursos e trabalhos anteriores a 1970, da qual já foram publicados cinco volumes. Desse modo, a obra de Foucault converteu-se, segundo uma conhecida expressão inglesa, num *work in progress*.

Aos escritos publicados em vida somou-se todo esse material, tão vasto quanto variado, proveniente dos fundos de arquivo depositados na Bibliothèque Nationale de France (em torno de 37 mil páginas) e no Institut Mémoires de l'Édition Contemporaine (IMEC).

Como podemos ver, no estado atual, é bem possível afirmar que a obra de Foucault excede suas publicações. Além dos escritos que apareceram recentemente, o material inédito é ainda volumoso. Nesse sentido, um dos exemplos mais significativos é, sem dúvida, seu *Diário intelectual*, três dezenas de cadernos dos quais foram publicadas apenas algumas poucas páginas, nos quais registrava leituras, inquietudes, projetos. A pergunta "o que disse Michel Foucault?" ainda está, pelo menos em parte, por ser respondida.

No entanto, além daquilo que disse, cabe também nos perguntarmos o que ainda podem nos dizer seus livros publicados em vida, que se tornaram clássicos, e também seus trabalhos agora recém-acessíveis a seus leitores, embora escritos há décadas.

Foucault fez da relação com o presente a definição mesma da filosofia. Filosofar é fazer um diagnóstico do presente. Nesse sentido, seria possível argumentar que a vigência do pensamento foucaultiano depende de que esse presente, cujo diagnóstico encontramos em seus escritos, seja ainda o nosso. Basta pensar nos grandes temas que motivaram suas investigações: a relação entre razão e loucura, entre sexualidade e subjetividade, entre liberdade e segurança, as formas modernas da normalização, o governo das populações, a difusão da governamentalidade neoliberal etc. Nenhuma dessas problemáticas perdeu vigência, antes o contrário. Mas, muito além das respostas dadas por Foucault – e que podemos retomar ou criticar –, a maior atualidade de seus trabalhos está, a nosso ver, em suas maneiras de perguntar. Em termos convencionais, falaríamos de método. Em termos foucaultianos, da maneira de diagnosticar. Por exemplo, de converter a história das formas do saber ou do poder, ou a leitura dos antigos e dos modernos, em um diagnóstico do presente. Foucault, desse modo, ensinou-nos a ler de outra maneira, com um olhar estrábico, dirigido ao mesmo tempo ao passado e ao presente, para não ficarmos presos a nenhum dos dois. Pois, sem sua relação com o passado, o presente se reduz a moda, e, sem sua relação com o presente, o passado se converte em relíquia. Diagnosticar, nesse sentido, consiste em mostrar como chegamos a ser aquilo que somos, mas para ver como podemos ser e pensar de outra maneira. Nesse ponto, o diagnóstico foucaultiano torna-se, finalmente, uma ética, isto é, um exercício de reflexão sobre a liberdade. Aqui reside, a nosso ver, sua maior vigência.

❖❖❖

Certo, mas como se orientar nesse território dos trabalhos publicados de Michel Foucault que não parou de crescer e redefinir-se desde a morte do autor? De que maneira se relacionam os trabalhos publicados em vida com os editados postumamente? Qual é o mapa e que balanço atualizado podemos fazer do pensamento foucaultiano? São essas as perguntas que nos propomos a responder nesta nova edição da nossa *Introdução a Foucault*, "revista e ampliada", segundo a expressão usual, para incorporar o material publicado até a data e as reformulações mais relevantes que esse material exige.

A exposição está organizada em cinco capítulos, cada um em torno de um eixo temático preciso. O primeiro, "Os anos de aprendizagem", trata da época de formação de Michel Foucault, sua leitura dos grandes clássicos da filosofia alemã (de Kant a Heidegger) e seu interesse pela psicologia e pela psicanálise. São os anos nos quais nosso filósofo põe em ação seu laboratório conceitual e durante os quais começam a se delinear os problemas aos quais voltará de maneira recorrente. Nessa época, mais que antecipar respostas, Foucault elabora suas perguntas. O segundo, "Da história da psicologia à história da loucura", aborda a problemática das primeiras publicações em vida do autor e os temas centrais de *História da loucura na Época Clássica* e de sua tese sobre Kant (publicada em espanhol como *Una lectura de Kant*). O terceiro, "A linguagem da literatura e a arqueologia dos saberes", percorre o caminho que vai de *O nascimento da clínica* (1963) até *As palavras e as coisas* (1966), prestando também atenção aos escritos dessa época sobre a literatura. Na parte final desse capítulo, abordamos o último dos escritos de Michel Foucault recentemente publicados, *O discurso filosófico*. O quarto capítulo, "A sociedade de normalização", aborda a guinada do pensamento de Foucault à questão do biopoder, as práticas sociais disciplinares e biopolíticas do governo dos homens, e o modo como Foucault pensa a política moderna a partir da relação entre o Estado, o mercado e a empresa no liberalismo e no neoliberalismo. Nesse capítulo, além *Vigiar e punir* e *A vontade de saber*, abordamos os principais temas de seus cursos no Collège de France entre 1970 e 1979. O quinto e último capítulo, "Uma genealogia do sujeito", trata da ética no sentido foucaultiano do termo, isto é, das práticas de subjetivação e da relação entre discurso e verdade. Abarca do segundo ao quarto volume da *História da sexualidade* e seus últimos cursos no Collège de France. Esses cinco capítulos oferecem um percurso geral e, ao mesmo tempo, analítico do trabalho de Foucault, desde os primeiros problemas que aborda até suas últimas elaborações. Cada um deles, porém, pode ser lido de maneira relativamente independente. Apesar da dificuldade de recortar com precisão etapas e temas sem desconhecer as continuidades, seria possível dizer que os capítulos estão escandidos por décadas: os dois primeiros, 1950; o terceiro, 1960; o quarto, 1970; e o quinto, 1980. Os temas, em Foucault, vão mudando a cada década: a loucura nos anos 1950, a linguagem nos 1960, o poder da norma nos 1970, a história do sujeito nos 1980.

Ao longo da nossa exposição, quisemos evitar dois extremos: o de escrever um texto destinado fundamentalmente aos especialistas e o de simplificar demais a apresentação do pensamento de Foucault. Alcançar o equilíbrio nem sempre foi fácil. Nos primeiros capítulos, porque eludir o nível de complexidade de alguns dos trabalhos analisados – como *Fenomenologia e psicologia* ou *As palavras e as coisas* – iria desnaturalizá-los. Nos seguintes, ao contrário, porque o caráter mais acessível dos temas pode prestar-se a uma leitura desatenta. No primeiro caso, tentamos manter a maior clareza possível. No segundo, apresentar os temas dando conta de sua problematicidade. Esperamos que o interesse do leitor e suas próprias inquietudes possam suprir nossas deficiências.

Em resumo, trata-se de outra introdução a Michel Foucault, de um ponto de vista quantitativo, porque vem somar-se às já existentes – algumas, por certo, bastante recomendáveis –, mas também qualitativamente, porque, além dos temas em comum com esses trabalhos, quisemos contribuir com algumas interpretações pessoais. Pelas mesmas razões, este trabalho difere também de nosso *Vocabulário de Foucault*. Com efeito, enquanto, naquela obra, privilegiamos a dispersão dos temas e as referências quase exaustivas aos textos de nosso autor, aqui, em contrapartida, demos preeminência a uma visão de conjunto e às possíveis leituras que surgem desse percurso. Ao final deste trabalho, incluímos, ademais, uma breve cronologia da vida de Foucault,[1] a bibliografia de suas obras, em francês e português, e algumas sugestões de leitura para aprofundar os principais temas abordados.

Para facilitar a leitura, no corpo do texto, os títulos das obras de Foucault aparecem em português, mas as referências correspondem, em primeiro lugar, às edições francesas. Na maioria dos casos, na medida do possível, incluímos também, em itálico, as correspondentes indicações às edições brasileiras. No caso dos escritos mais recentemente publicados (vários dos quais ainda não foram traduzidos para outras línguas), após a indicação da página do volume impresso, foi incluída, entre colchetes, a numeração correspondente ao manuscrito do texto, tal como aparece, também entre colchetes, nessas edições. Desse modo, facilita-se a localização nas diferentes edições e traduções. Exceto quando há indicação em contrário, as traduções das citações são nossas.[2]

❖❖❖

Finalmente, alguns agradecimentos. Ao Consejo Nacional de Investigaciones Científicas y Técnicas

---

[1] Para sua elaboração, assim como para as referências biográficas que aparecem ao longo de nossa exposição, servimo-nos da cronologia que se encontra ao início do primeiro volume da compilação *Dits et écrits* (1994); das que estão incluídas no início de cada um dos dois volumes da edição da Bibliothèque de la Pléiade das obras de Foucault (2015c), todas elas redigidas por Daniel Defert; e da biografia de nosso filósofo realizada por Didier Eribon (1989).

[2] Em alguns casos, em nossa opinião, encontramos diferenças conceituais importantes entre as traduções existentes e os textos originais.

(CONICET). Sem os recursos destinados à pesquisa no campo das humanidades, este trabalho talvez não tivesse sido possível.

Ao pessoal da Siglo XXI Editores, especialmente a Ana Galdeano e Carlos Díaz, os editores desta obra em língua castelhana, assim como a Rejane Santos, da Autêntica Editora, a editora de sua versão em português. Evidentemente, por terem acolhido este título em seu catálogo, mas também pelo interesse que desde sempre tiveram e mantêm em tornar acessível ao leitor as obras de Michel Foucault e os trabalhos sobre seu pensamento.

Nesse sentido, se a pergunta "O que é um autor?" foi um dos tópicos do pensamento de Foucault, "O que é um editor?" é a pergunta que deveremos fazer a nós mesmos na hora de escrever a história da recepção de seus trabalhos, sobretudo a propósito dos que apareceram postumamente. Sem dúvida, chegará a hora de respondê-la.

Ana Galdeano cuidou da edição deste trabalho em língua castelhana, e suas contribuições transcendem o domínio das correções formais. Gostaria, além disso, de agradecer especialmente a Natan Schmitz Kremer, da Universidade Federal de Santa Catarina (Florianópolis) e do Conselho Nacional de Desenvolvimento Científico e Tecnológico (CNPq), pela revisão integral da versão em língua portuguesa deste trabalho e por suas sugestões. De todo modo, como é praxe dizer, os erros, assim como os acertos, são quase todos meus.

City Bell, 11 de novembro de 2023.

Capítulo 1
Os anos de aprendizagem[3]

Um jovem Foucault chega a Paris logo após o término da Segunda Guerra Mundial. A filosofia e a psicologia concentram seus interesses intelectuais. Por um lado, deve encarar o estudo dos autores de referência para os pensadores franceses da década de 1940 (Hegel, Freud, Husserl e Heidegger). Por outro, tem de definir os próprios interesses e decidir para onde se encaminhará. Nos trabalhos recentemente publicados desse Foucault que ronda os 25 ou 26 anos, deparamo-nos todo o tempo com este duplo desafio: dar conta de sua aprendizagem da cultura da época e, ao mesmo tempo, manter dela uma distância que lhe permita propor problemas novos, reelaborando as abordagens tradicionais. Chamam atenção a audácia das interpretações que nos propõe desses autores já clássicos e a liberdade intelectual com que se movimenta em relação às leituras correntes, inclusive as próprias (uma marca precoce dos deslocamentos que serão característicos desse autor em relação às suas hipóteses). Surpreende, também, a profundidade com que aborda

---
[3] Retomamos o título do escrito de Maurice Pinguet (1986).

o conhecimento da psicologia, uma disciplina que, naquele momento, acabava de se incorporar aos cursos de graduação que a universidade oferecia. Estudioso dos aspectos práticos e teóricos desse novo campo de saber, e preocupado com seu alcance e sua expansão para explicar problemas concretos, a relação entre psicologia e filosofia torna-se uma das questões que mais o ocupam.

> – *Mas não disse nada de você mesmo, do lugar onde cresceu, de como foi sua infância...*
> – *Meu caro amigo, os filósofos não nascem... eles são, e isso basta.*
> Foucault, 1994, v. III, p. 678; *v. IV, p. 316*.

Em 15 de outubro de 1926, em Poitiers (França), no seio de uma família profissionalmente vinculada à medicina – seu pai, dois de seus avós e até um bisavô tinham sido médicos e cirurgiões –, nasce Paul-Michel Foucault. Concluídos seus estudos no Collège Saint-Stanislas de sua cidade natal, Foucault descarta a ideia de seguir os passos de seu pai na medicina. Dirige-se, em vez disso, à célebre École Normale Supérieure (ENS) da Rue d'Ulm, em Paris, *alma mater* da elite intelectual francesa. Com essa intenção, em 1945, mal terminada a guerra, aos 19 anos e depois de uma primeira tentativa fracassada de nela ingressar, Foucault instala-se em Paris e prepara novamente, na chamada classe de *khâgnes*, o exame de admissão à École Normale.

Nessa época, ainda persistiam as restrições ocasionadas pela guerra, sobretudo o racionamento de comida e bebida (três fatias diárias de pão por habitante, um litro de vinho por mês), mas os negócios começavam a se reabastecer, e a vida social, a se animar. Reinava entre os parisienses uma euforia de liberdade e a sensação de que iniciava um novo tempo em todas as esferas da vida. Em 1945, com efeito, Jean-Paul Sartre, junto a

Simone de Beauvoir e um grupo de amigos, funda *Les Temps Modernes*, o cinema estadunidense invade Paris – Foucault torna-se um entusiasta junto a sua irmã – e as mulheres exercem pela primeira vez seu direito de voto. Em outubro desse ano, a conferência de Sartre "O existencialismo é um humanismo" torna-se o ponto de partida de uma nova estação filosófica, precisamente, a do existencialismo.

No ano seguinte, 1946, Foucault é, por fim, admitido na École Normale. Começam seus anos de aprendizagem. Dessa época, embora se situando em relação a 1950, Maurice Pinguet nos oferece um perspicaz testemunho:

> Minha primeira imagem de Michel Foucault: um jovem que ri com gestos vivazes. [...] Um olhar claro e vigilante por trás de uns óculos sem armação, os mesmos que manteve a vida inteira. Cabelo loiro e liso, achatado e escasso. [...]
> Para os que estavam próximos, a inteligência de Foucault era imediatamente evidente. Não se distinguia de sua coragem. Já era famoso, na Rue d'Ulm, por sua capacidade de trabalho, pela vivacidade de suas respostas, pela expressão sempre muito franca e às vezes mordaz de suas opiniões. Sentia atração pelas nuances e sutilezas, mas não pelas concessões nem pelos compromissos. Encantava-se com as fórmulas brilhantes, os jogos de palavras. Gostava de rir. Não dizem que o riso é dado àqueles que precisam consolar-se por ser inteligentes? (Pinguet, 1986, p. 122).

Três jovens hegelianos

Em seus anos de aprendizagem, Foucault obtém um bacharelado em Filosofia e outro em Psicologia, respectivamente em 1948 e 1949. Apesar de suas crises (duas tentativas de suicídio, um tratamento de desintoxicação), essa época foi, para ele, o lugar de encontros que bem poderiam ser classificados como extraordinários: amizades que perdurarão ao longo de toda sua vida, a dos que o apelidavam "o *Fuchs*", a raposa (Maurice Pinguet, Pierre Bourdieu, Paul Veyne, Jean-Claude Passeron), e professores, na própria École ou na Sorbonne, que foram verdadeiros mestres. Para nos limitarmos a alguns nomes, Jean Hyppolite, o grande intérprete e tradutor de Hegel, cujo encontro remonta ao ano de preparação para o exame de ingresso na École Normale, no liceu Henri-IV, de Paris. Ou Maurice Merleau-Ponty, que ensina psicologia na ENS a partir de 1947. Seu curso de 1947-1948, dedicado, em parte, a Malebranche, um dos grandes mestres dos séculos XVII e XVIII, exercerá notável influência nos interesses de nosso filósofo. Mais tarde, na Sorbonne, ele o levará a descobrir Ferdinand de Saussure. Também Jean Wahl, o filósofo e poeta que escapou das malhas da Gestapo, que em suas aulas na Sorbonne o colocará em contato com o pensamento alemão, em especial com Heidegger, e com Kierkegaard.

Não obstante, é a amizade pessoal e intelectual de Michel Foucault com dois de seus companheiros, um pouco mais velhos que ele, Louis Althusser e Jacques Martin, que constitui, sem dúvida, um episódio especialmente significativo nesses anos. Entre 1947 e 1949, a *Fenomenologia do espírito*, de Hegel, foi objeto de uma leitura compartilhada entre eles e o tema de suas respectivas teses de conclusão dos estudos superiores (equivalentes às atuais dissertações de mestrado): *Indivíduo em Hegel*, de Martin; *Conteúdo no pensamento de Hegel*, de Althusser; e *A constituição de um transcendental na* Fenomenologia do espírito, de Foucault.[4]

---

[4] O trabalho de Althusser circula desde 1994, o de Jacques Martin foi publicado em 2020, e dois exemplares da tese de Foucault, ambos incompletos – um deles com apenas duas páginas faltantes –, foram encontrados recentemente pelo sobrinho de Foucault,

❖❖❖

Fazia tempo que essa obra de Hegel estava no foco de atenção dos pensadores franceses. Em 1946, é publicada *Gênese e estrutura da* Fenomenologia do espírito, de Jean Hyppolite, e, em 1947, aparecem as lições do célebre seminário de Alexandre Kojève, que teve lugar entre 1933 e 1939, sob o título *Introdução à leitura de Hegel*. Os três jovens hegelianos movimentam-se nesse contexto, ainda que sem deixar de colocar em discussão as interpretações desses dois grandes mestres do hegelianismo francês.

Para Martin, trata-se de pensar, em Hegel, a crítica marxista do individualismo burguês; para Althusser, da possibilidade de dar um conteúdo revolucionário à dialética hegeliana. O olhar foucaultiano, por sua vez, não se situa depois de Hegel, isto é, em Marx, senão antes, em Kant. E, além disso, desenvolve-se em um registro mais epistemológico do que político. Efetivamente, apesar de suas dúvidas a respeito, Foucault se questiona, aos 22 anos, em que medida a *Fenomenologia do espírito* pode ser lida como uma historicização do transcendental kantiano.

Desse modo, Foucault retoma um gesto característico da escola epistemológica francesa, que consiste em interrogar-se acerca das relações entre a racionalidade e a verdade, por um lado, e a história, por outro. Basta pensar nas figuras de Gaston Bachelard e Jean Cavaillès. O último já havia explorado a referência kantiana a respeito da questão. A ideia de um transcendental histórico inscreve-se, de fato, nessa linha de pensamento.

❖❖❖

Henri-Paul Fruchaud. A tese de Foucault está em processo de edição. Para nossa exposição, servimo-nos da reconstrução realizada por Vuillerod (2022) e Elden (2021).

Kant, sem dúvida, não apenas é a referência teórica inicial da problematização foucaultiana da noção de transcendental; representa também o momento em que, como veremos, toda antropologia, no sentido foucaultiano do termo, torna-se possível. Mas, ao mesmo tempo, abre caminho para uma filosofia concebida como crítica da filosofia.

Como veremos mais adiante, a dissolução nietzscheana da verdade e, portanto, do transcendental kantiano levará Foucault, já ao final de seus anos juvenis, a se interrogar sobre a tarefa da filosofia. Nietzsche – afirma Foucault em *A questão antropológica* – "é a filosofia abandonando-nos à tarefa de filosofar" (Foucault, 2022, p. 206 [180]).[5]

❖❖❖

Kant falava em transcendental para se referir às condições *a priori* do conhecimento verdadeiro, àqueles elementos independentes da experiência que, precisamente por isso, tornam possível o conhecimento universalmente válido da ciência. Indo além do vocabulário kantiano, poderíamos conceber o transcendental como a condição de possibilidade da verdade ou, diretamente, como a verdade da verdade.

Nesse sentido, os conceitos puros do entendimento – as categorias kantianas – são elementos transcendentais. Eles nos servem como uma regra da qual dispomos independentemente da experiência sensível, *a priori*, para construir os conceitos científicos, que ordenam com essas regras os dados que a experiência nos oferece. Kant deduz

---

[5] Como já assinalamos, as referências bibliográficas remetem em primeiro lugar às edições em língua original; os números entre colchetes, à numeração dos manuscritos do autor; e os números em itálico, por sua vez, às traduções existentes. Todas são mencionadas na Bibliografia.

de maneira lógica esses conceitos *a priori*; mas Foucault aqui dele se distancia e se pergunta se esses elementos transcendentais poderiam constituir-se historicamente. A partir dessa perspectiva, lê a *Fenomenologia do espírito*. A noção de transcendental é, de fato, o eixo desse escrito foucaultiano a respeito de Hegel. As três partes nas quais o manuscrito está dividido remetem a ela: "o campo transcendental", "o sujeito transcendental" e "o transcendental e a história".

Na *Fenomenologia*, Hegel descreve o caminho percorrido pela consciência ou pelo sujeito, suas diferentes experiências teóricas e históricas, até chegar ao saber absoluto, no qual lhe é revelado o significado filosófico do caminho percorrido. Foucault defende, como hipótese de leitura, que esse saber absoluto é, para Hegel, o elemento ou o campo transcendental que faz possível seu sistema de ciência filosófica, e, portanto, que o caminho que nos conduz até ele – as experiências da consciência – nos mostra como esse transcendental se constitui historicamente.

Embora se mantenha dentro da perspectiva de Kant, a noção de transcendental mostra-se, certamente, ampliada. Foucault apresenta-a nos seguintes termos:

> Ao elaborar esse meio [o saber absoluto], a *Fenomenologia do espírito* confere à experiência um sentido que ela mesma não possuía, e revela que a experiência concebida como uma totalidade não é outra coisa senão o elemento, o meio do conhecimento, isto é, o campo no qual pode desenvolver-se um conhecimento que só será possível graças a ele. Essa é a definição muito geral, mas muito característica, de um transcendental (Foucault, 1949, citado em Vuillerod, 2022, p. 236).

Como veremos, o conjunto dos escritos do jovem Foucault publicados até a data podem ser vistos a partir da ótica dessa ampliação da noção kantiana de transcendental e como uma repetição da pergunta sobre sua relação com a história.

❖ ❖ ❖

Contudo, na conclusão desse trabalho de juventude sobre a *Fenomenologia do espírito*, Foucault torna-se crítico de Hegel. Sustenta que, definitivamente, esse saber absoluto ao qual se chega ao final do caminho não se constitui na história, mas que apenas se manifesta, na medida em que existia desde a eternidade. Desse modo, a história, o percurso da consciência, aparece submetida ao que não tem história, à eternidade dessa verdade – o "conceito" no vocabulário hegeliano – que a precede e também a guia em direção a si mesma.

Anos mais tarde, quando lhe couber substituir, no Collège de France, quem havia orientado essa tese, isto é, Jean Hyppolite, Foucault defenderá que toda a sua geração tentou escapar de Hegel (Foucault, 1986a, p. 74; *p. 72*). A conclusão da *Constituição de um transcendental na Fenomenologia do espírito* já é um passo nessa direção.

Entre filosofia e psicologia

Concluídos seus estudos superiores com esse trabalho sobre Hegel, em 1951 Foucault é aprovado na *agrégation* em filosofia, um exame do Estado que o habilita a ensinar essa disciplina como professor, habitualmente em algum liceu. Mas é quase imediatamente convocado pela Universidade de Lille e pela École Normale para lecionar psicologia. Por esses anos, obtém também dois diplomas de especialização, em psicopatologia e em psicologia experimental. E trabalha, além disso, como psicólogo no Hospital Sainte-Anne, onde assiste ao seminário das quartas-feiras do doutor Lacan.

Dessa época, apareceram recentemente três volumes de Michel Foucault, até agora inéditos: *Ludwig Binswanger e a análise existencial* (2021a, cuja tradução ao espanhol foi a primeira a aparecer), *Fenomenologia e psicologia* (2021b) e *A questão antropológica* (2022). Também foi publicado, embora apenas de maneira virtual, um manuscrito sobre a psicanálise (2019a). Esses trabalhos reúnem o material do qual Foucault se servia, sem dúvida, para seus cursos. Mas *Fenomenologia e psicologia* e *Ludwig Binswanger e a análise existencial* são também projetos de possíveis teses doutorais.

❧ ❧ ❧

Por esses anos, como parte de sua formação em psicologia experimental, Foucault interessou-se também pelos testes projetivos de Rorschach (foram conservados alguns que ele mesmo administrou) e pelos estudos encefalográficos. No entanto, Freud e o psiquiatra suíço Ludwig Binswanger situam-se no foco de sua atenção. Alguns dos títulos de seus cursos nos mostram a amplitude de sua abordagem dos temas psicanalíticos: "A angústia em Freud", "Freud e a psicologia da gênese", "O inconsciente na psicanálise", "A noção de meio psicanalítico" (Foucault, 2021a, p. 186).

Nesse manuscrito do início de 1950 (Foucault, 2019a), deparamo-nos com uma leitura de Freud que Foucault retomará em várias oportunidades. Por um lado, reconhece que o pai da psicanálise teria tomado distância da psicopatologia tradicional – subordinada às ciências da natureza –, mediante a análise da gênese biográfica do significado dos acontecimentos psíquicos. Mas, por outro, critica a noção freudiana de libido, pois, a seu modo de ver, segue presa a um naturalismo que remete os fenômenos psíquicos a uma concepção evolucionista e, finalmente, biologicista da vida. Definitivamente, a psicanálise se desdobra em uma tensão entre o biográfico, a gênese das significações, e o biológico, os impulsos vitais.

❖❖❖

A figura de Binswanger e sua psiquiatria, autodefinida coma análise existencial (*Daseinsanalyse*), constituía, então, um polo de atração: na ordem terapêutica, como alternativa à psicanálise freudiana, para escapar precisamente das raízes biologicistas que lhe eram atribuídas; e, para além do próprio campo disciplinar, também no âmbito filosófico, em particular, pelo recurso binswangeriano a Husserl e Heidegger. Junto a Hegel, esses pensadores eram efetivamente uma referência obrigatória para os filósofos franceses das décadas de 1940 e 1950, como Bachelard, Sartre e Merleau-Ponty, entre outros, que também incluíram Binswanger em suas reflexões. Desse ponto de vista, o interesse de Foucault pela análise existencial não representa nenhuma novidade em si, mas sim a extensão que lhe dedica em seus anos de juventude. De seus textos publicados em vida, um dos primeiros é, precisamente, a "Introdução" que acompanha a tradução ao francês de *O sonho e a existência* (Foucault, 1994, v. I, p. 65-119; *v. I, p. 65-121*), de Binswanger, realizada pelo próprio Foucault em colaboração com Jacqueline Verdeaux, com quem visitou Binswanger em sua célebre clínica de Kreuzlingen (Suíça). Foucault manteve, além disso, uma correspondência com ele.

❖❖❖

O livro *Ludwig Binswanger e a análise existencial* é totalmente dedicado ao psiquiatra suíço. Trata-se, ao mesmo tempo, de uma avaliação histórica dos trabalhos de Binswanger, de uma análise de alguns de seus casos mais relevantes – como o de Ellen West – e de um posicionamento crítico a respeito dessa corrente terapêutica e de suas premissas filosóficas. Esse escrito é, definitivamente, um percurso pela análise existencial de Binswanger, mas para ir além dela.[6]

Foucault começa destacando a relevância de Freud e de Husserl na história das ciências humanas, já que, movendo-se independentemente, mas na mesma direção, ambos reconhecem no domínio das vivências psíquicas "uma dimensão histórica e intersubjetiva que não pode ser reduzida a nenhum processo evolutivo" de ordem biológica (Foucault, 2021a, p. 19 [10]; *p. 42*). A análise existencial situa-se na confluência desses desenvolvimentos de Freud e de Husserl, da psicanálise e da fenomenologia. Nesse sentido, enquanto análise das vivências psíquicas, a análise existencial apresenta-se como uma psicologia fenomenológica, isto é, como um conhecimento rigorosamente descritivo – eidético, na linguagem de Husserl – da consciência (Foucault, 2021a, p. 23 [15]), e como uma ciência do significado das vivências. De Husserl, Binswanger retém, em particular, a maneira como aborda descritivamente como se constituem na consciência as experiências do espaço, do tempo e da intersubjetividade. Para Husserl, segundo a interpretação defendida por Foucault nesse trabalho, essa atividade constitutiva da consciência supõe, no entanto, sempre algo já dado, pré-constituído, que, ao modo de um transcendental, isto é, enquanto condição de possibilidade, apresenta-se como o horizonte do qual emergem todos os significados. Nos últimos escritos de Husserl, esse horizonte transcendental é o que ele denomina como "mundo da vida" (*Lebenswelt*). Mas as vivências dos doentes mentais representam uma instância crítica a respeito desse horizonte

---

[6] Para uma apresentação mais ampla de *Ludwig Binswanger e a análise existencial*, remetemos à nossa "Introdução", escrita em conjunto com Senda Sferco (Buenos Aires: Siglo XXI, 2022, p. 11-27).

pré-constituído, pois não pressupõem esse mundo já dado. Na descrição das vivências patológicas, deparamo-nos, antes, com um ausentar-se do mundo ou com um não mundo (Foucault, 2021a, p. 27-28 [20-22]). O próprio Binswanger recorre a Heidegger e à ideia da existência como projeto, para remediar essa dificuldade. A partir dessa perspectiva, a existência do doente mental, mais que supor um mundo, é um projeto de mundo ou, segundo o vocabulário heideggeriano, de ser-no-mundo (Foucault, 2021a, p. 65 [65]). Dito de outro modo, o doente mental não é um não homem, ainda que tampouco, como consequência de um olhar evolucionista, um menos homem. É outro projeto de homem.

❖❖❖

O mundo do doente mental é, definitivamente, seu mundo, com suas próprias vivências da espacialidade, da temporalidade e da intersubjetividade. O percurso de Foucault através de Binswanger, depois de ter estabelecido a relevância da análise existencial para a abordagem da doença mental, consiste em mostrar, precisamente, como aparecem essas formas de espaço, de tempo e dos outros nas vivências dos pacientes dos quais se ocuparam Binswanger e seus colegas. Como afirma Foucault em sua "Introdução" a *O sonho e a existência*, essa modalidade de abordagem não consiste em aplicar os conceitos da fenomenologia e da filosofia da existência aos dados dos casos clínicos, mas em acessar os conteúdos concretos e a história dos pacientes para articular, a partir deles, as formas antropológicas e as condições da existência, ser do homem e ser-no-mundo (Foucault, 1994, v. I, p. 67; *v. I, p. 67-68*).

Esse percurso através de Binswanger começa com a exposição do que pode ser considerado o caso mais célebre da análise existencial, Ellen West, uma paciente anoréxica, com traços esquizofrênicos, que havia passado por dois tratamentos psicanalíticos, atravessado uma internação na clínica de Kreuzlingen, e que finalmente se suicidou logo após ter recebido alta. A partir desse caso, ao qual dedica o primeiro capítulo do livro, Foucault mostra como Binswanger se desloca de Husserl a Heidegger, de uma fenomenologia descritiva da consciência a uma hermenêutica da existência, do ser-no-mundo.

❖ ❖ ❖

Os últimos capítulos de *Ludwig Binswanger e a análise existencial*, o quarto e o quinto, referem-se à dimensão intersubjetiva da doença mental, à relação do doente mental com os outros e também às propostas terapêuticas da análise existencial. Nesse contexto, Binswanger, como veremos em seguida, vai além de Husserl e de Heidegger, isto é, das posições fenomenológicas nas quais até então se apoiara.

Efetivamente, ali onde Husserl situava o mundo da vida, esse horizonte pré-constituído de sentido, e Heidegger, a cura e a angústia como condição de possibilidade da existência e de todo projeto humano, Binswanger situa um amor concebido em termos inclusive teológicos, como uma dimensão de eternidade e silêncio, representada por um nós essencial (*Wirheit*). Desse nós estaria privado o doente mental, e a tarefa do analista existencial consistiria em restituí-lo a ele. Sobre esse giro binswangeriano, Foucault afirma:

> O que se oferece à *Daseinsanalyse*, ao final de sua especulação sobre sua terapêutica, é uma escolha que deve fazê-la abandonar seu horizonte inicial. Trata-se de escolher entre a história e a eternidade, entre a comunicação concreta dos homens e a comunhão metafísica das consciências, entre a imanência e a transcendência. Em síntese, entre uma filosofia do

amor e uma análise dos fenômenos de expressão, entre a especulação metafísica e a reflexão objetiva. Binswanger optou pela especulação e pela filosofia do amor (Foucault, 2021a, p. 167 [183-184]).

O horizonte inicial de Binswanger era desdobrar, por meio da análise das vivências, a existência como possibilidade e projeto. Mas o fundamento antropológico do amor já não é uma possibilidade, senão uma obrigação. E, se a psicanálise corria o risco de remeter as significações históricas ao pressuposto biologicista da noção de pulsão, a análise existencial termina menosprezando a dimensão propriamente histórica das vivências psíquicas, remetendo-as à eternidade do amor. Em ambos os casos, os elementos que, em sentido amplo, podemos qualificar de transcendentais, uma vez que são condição de possibilidade do significado e da verdade das vivências psíquicas, são esvaziados de toda dimensão histórica. No caso da psicanálise freudiana, porque a noção de pulsão implica uma concepção naturalista do tempo; no da análise existencial binswangeriana, porque esse amor de um nós essencial é apresentado como um instante de eternidade.

Por isso, Foucault se distancia de Binswanger. Mas voltaremos a ele a propósito de um dos primeiros textos publicados em vida, a extensa "Introdução" a *O sonho e a existência*, para explorar a possibilidade de uma antropologia da imaginação e da expressão.

❖❖❖

Além dessa crítica à derivação antropológico-teológica do pensamento de Binswanger, vale a pena sublinhar que, para Foucault, embora a noção de existência se mostre apropriada para abordar a experiência da doença mental, essa existência alienada não se explica apenas mediante o deciframento do significado das vivências. É necessário, também, o acesso às condições reais e concretas, à "dialética que se encontra na raiz" da existência alienada (Foucault, 2021a, p. 35 [30]). Duas vias de acesso são necessárias, então, para compreender a doença mental: a análise do significado das vivências e a análise das condições dialéticas, históricas e concretas que as geram. Foucault percorre os dois caminhos. O primeiro, como vimos, pela mão de Binswanger; o segundo, pela mão de uma psicologia marxista. A marca existencial domina, precisamente, os escritos sobre o célebre psiquiatra suíço; a marca dialética de matriz marxista, a obra *Doença mental e personalidade*. A seguir, Foucault tomará seu próprio caminho, que já não será nem o do significado da existência nem o da dialética histórica, mas o da arqueologia de um silêncio, tal como define no primeiro prefácio de *História da loucura* (Foucault, 1994, v. I, p. 160; *v. I, p. 141*).

Nas origens da ideia de arqueologia: a leitura de Husserl

Em uma carta de 1954 destinada a Georges Dumézil (o célebre historiador dos mitos e das religiões, que foi um de seus mentores), Foucault anuncia o título da que então teria sido sua tese de doutorado: *A noção de "Mundo" na fenomenologia e sua importância para as ciências humanas* (Foucault, 2021a, p. 190). *Fenomenologia e psicologia*, um manuscrito inteiramente dedicado a Husserl, é parte desse projeto.

Recorrentemente, Foucault foi crítico em relação ao movimento filosófico iniciado por Husserl, a fenomenologia. Mas, nesse manuscrito, sua posição é diferente no que concerne ao próprio Husserl. Nessa época, Foucault encontra nele uma radicalidade filosófica a ponto de defender que seu pensamento realiza algo que tem lugar "pela primeira vez na história da filosofia" (Foucault, 2021b, p. 56 [36]). Essa diferença entre sua apreciação da fenomenologia – a francesa, em particular (Sartre, sem dúvida, mas também Merleau-Ponty) – e a figura do próprio Husserl se manterá, de fato, até o final de seu percurso intelectual, até o último dos textos que pessoalmente destinou à publicação. A figura de Husserl, assim, aparece aqui tanto na origem das correntes fenomenológicas francesas, centradas no sujeito, como na das correntes opostas, de caráter epistemológico, centradas, nesse caso, no sistema dos conceitos e sua história (Foucault, 1994, v. IV, p. 764; *v. II, p. 353-354*).

❖❖❖

Fenomenologia e psicologia é, sem dúvida, um trabalho de leitura exigente, sobretudo pelo nível de especificidade de algumas das questões abordadas; mas é também ineludível. Entre outras razões, porque a questão do transcendental, que dominava o trabalho sobre Hegel e atravessava o dedicado a Binswanger, aparece formulada aqui pela primeira vez em termos arqueológicos. E, além disso, embora Foucault defenda, anos mais tarde, que sua leitura de Nietzsche foi a que lhe permitiu desvencilhar-se do que havia dominado seus anos de formação,[7] essa tarefa começa, sem dúvida, com a elaboração desse manuscrito.

Efetivamente, por um lado, *Fenomenologia e psicologia* marca o ponto de ruptura de Foucault com a psicologia. As expressões de outra carta de 1954, dessa vez dirigida ao escritor e historiador Jean-Paul Aron, são bastante explícitas a respeito. Em relação a esse livro sobre Husserl que está escrevendo, afirma: "me pergunto como pude brincar de psicólogo durante tantos anos" (Foucault, 2021b, p. 384). Por outro lado, a elaboração desse trabalho é a ocasião de uma decisiva reorientação de seu pensamento, dessa vez para se distanciar das correntes existencialistas

---

[7] "Nietzsche, Blanchot e Bataille são os autores que permitiram que eu me liberasse dos que dominavam minha formação universitária no início dos anos 1950: Hegel e a fenomenologia" (Foucault, 1994, v. IV, p. 48).

da época (Sartre, Merleau-Ponty), que teriam desvirtuado a radicalidade da fenomenologia husserliana (Foucault, 2021b, p. 129 [87], 137 [92]). E, finalmente, *Fenomenologia e psicologia* expressa também a rejeição a toda a herança teológica da tradição filosófica ocidental. Aquela que, em última instância, de maneira explícita ou implícita, direta ou indireta, recorre a Deus ou pressupõe um entendimento infinito como fundamento da verdade, tal como ocorre com o conceito hegeliano e com o amor binswangeriano. Na leitura foucaultiana de Husserl, entrelaçam-se todas essas linhas de problematização.

❖ ❖ ❖

Em *Fenomenologia e psicologia*, Foucault aborda Husserl alinhado com sua leitura de Hegel (Foucault, 2021b, p. 186). A problemática husserliana do mundo e sua gênese aparece como reedição da questão que lhe era proposta pela relação entre o transcendental e a história na *Fenomenologia do espírito*. Esse nexo, que em Hegel é finalmente deixado de lado, é o que Foucault encontra agora em Husserl, ainda que sem deixar de assinalar que, finalmente, este não foi até o fundo da questão (Foucault, 2021b, p. 88 [55]).

Por isso, a tese interpretativa de *Fenomenologia e psicologia* vai também além da esboçada em *Ludwig Binswanger e a análise existencial*, pois o mundo já não aparece apenas como a questão daquilo que nos é dado nas vivências psíquicas a modo de horizonte pré-constituído de todo sentido, mas também como aquilo cuja constituição é necessário indagar de maneira absoluta, ou seja, sem pressupor nada. Para Foucault, o problema fundamental do pensamento de Husserl é justamente o da origem absoluta do mundo.[8]

---

[8] Podemos ver aqui, sem dúvida, a influência que tiveram os trabalhos de Eugen Fink, um dos últimos assistentes de Husserl (Foucault, 2021b, p. 82, nota 22).

Dessa perspectiva, em *Fenomenologia e psicologia* é elaborada uma leitura de Husserl que se diferencia das interpretações mais frequentes. Seus primeiros trabalhos, com efeito, foram apresentados como uma oscilação entre as duas posições que dividiam grande parte do debate filosófico das últimas décadas do século XIX: o psicologismo e o logicismo. Foucault quer mostrar que Husserl, ao contrário, posiciona-se além tanto do psicologismo quanto do logicismo, e do que essas duas posições, apesar de seus antagonismos, têm em comum. Pois, de fato, ambas supõem que a verdade seja algo que se descobre, porque já existe, seja no entendimento infinito, seja na natureza das coisas. E, por isso, ambas as posições terminam negando à consciência sua dimensão constituinte, ou melhor, instituinte.

Para Foucault, ao contrário, já desde *Filosofia da aritmética* (1891) e mais explicitamente em *Investigações lógicas* (1900-1901), Husserl procura mostrar, por meio da descrição das vivências, que a verdade constitui-se em relação a uma consciência finita (e, portanto, que se desdobra na tríplice dimensão de passado, presente e futuro), mas sem sacrificar nada da universalidade da verdade ou torná-la dependente dessas mesmas vivências, quanto a seu alcance e sua validade.

❖ ❖ ❖

A questão do mundo, sobretudo nos escritos husserlianos posteriores a *Investigações lógicas*, converte-se, segundo Foucault, na "tarefa negativa" de não se deixar mistificar ou enfeitiçar por ela (Foucault, 2021b, p. 91 [57]), isto é, convertê-la em uma essência que se subtrai à temporalidade. Para a fenomenologia husserliana, o desafio consiste em não excluir nunca o que está realmente em jogo a propósito do mundo: sua gênese temporal, sua origem absoluta. Essa é a tarefa que Husserl se propôs realizar, sobretudo em suas conferências parisienses de 1929, logo publicadas como *Meditações cartesianas*, que Foucault considera, de certa maneira, como o início da filosofia francesa contemporânea,[9] e também em suas conferências em Viena e Praga em 1935 e em outros textos afins, reunidos e publicados no volume *A crise das ciências europeias e a fenomenologia transcendental*.

Seguindo essa linha interpretativa, Foucault lê as sucessivas etapas do pensamento husserliano como um aprofundamento da questão da origem. Segundo a leitura de Foucault, Husserl percorreu, por meio disso, os dois caminhos: o que em um primeiro momento o conduz a uma filosofia da autonomia da verdade do mundo e, em seguida, o que o leva a uma filosofia do ser do mundo, em direção a uma ontologia, entendida como uma ciência dos começos, como uma arqueologia (Foucault, 2021b, p. 89 [56]).

Contudo, enquanto a noção de mundo é abordada, principalmente no primeiro capítulo de *Fenomenologia e psicologia*, a partir da problemática de uma verdade autóctone, nos capítulos seguintes a questão do mundo torna-se a pergunta sobre o ser do mundo. Já não se trata, então, apenas de uma verdade que não pressupõe nada, nem a natureza nem Deus, mas também do ser do mundo que essa verdade expressa, daquilo que se constitui em relação com a temporalidade finita da consciência quando

---

[9] As *Meditações cartesianas* foram publicadas em alemão em 1931. Esse trabalho reúne as conferências ditadas por Husserl na Sorbonne em fevereiro de 1929 com a reelaboração e os agregados – sobretudo à sexta meditação – de Eugen Fink. Uma tradução francesa apareceu em 1953. Foucault considera que essas conferências parisienses deixaram uma dupla marca na filosofia francesa do século XX: a que desenvolverá a fenomenologia em direção a uma filosofia do sujeito e da existência – Jean-Paul Sartre, Maurice Merleau-Ponty – e a que, ao contrário, fá-lo-á na direção de uma filosofia da racionalidade e do conceito – Alexandre Koyré, Jean Cavaillès (Foucault, 1994, v. IV, p. 764).

a natureza e Deus foram deixados de lado. Estritamente falando – sustenta Foucault –, não há uma gênese da verdade (Foucault, 2021b, p. 148 [95]), mas do mundo, do qual essa verdade é a expressão originária.

A noção de uma verdade autóctone, que põe entre parênteses a natureza empírica, sem dúvida foi, para Foucault, o ponto de ruptura com toda psicologia empírica. A interpretação dos últimos trabalhos de Husserl, fazendo da questão do ser do mundo, e não da existência, o tema central da fenomenologia transcendental, marca o ponto de ruptura com as correntes existencialistas da época, inspiradas em Husserl.

❖ ❖ ❖

Como já destacamos, Husserl não foi, para Foucault, até o fundo do problema no que concerne à questão da origem. Com efeito, em *A crise das ciências europeias e a fenomenologia transcendental*, a racionalidade do mundo se desdobra teleologicamente na história. A *arché* da fenomenologia transcendental não é, então, apenas origem, mas também continuidade e antecipação. Uma vez constituído, o sentido atravessa a história e a conduz em direção a uma verdade que emerge desde o primeiro momento. Em outros termos, a história se torna contínua e teleológica. Por isso, segundo Foucault, em Husserl, "a teleologia é, ao mesmo tempo, a problemática e a verdade da arqueologia" (Foucault, 2021b, p. 174 [113]).

Se a arqueologia pode ser definida a partir da relação entre a origem e a racionalidade (a "*arche*" e o "*logos*" que compõem o termo), em Husserl essa origem toma a forma de um *logos* que é, ao mesmo tempo, tradição de sentido e destino. Ou, para expressá-lo de outra maneira, a origem da fenomenologia husserliana é, ao mesmo tempo, início e norma da história. Para a arqueologia foucaultiana, em contrapartida, ir até o fundo da questão será pensar uma *arche* cujo *logos* seja puro acontecimento, um início que não escapa à contingência da descontinuidade.

Crítica e antropologia

Exceto para trabalhos como sua tese sobre Hegel, de caráter institucional, é impossível estabelecer a cronologia exata dos escritos de juventude de Michel Foucault e, portanto, a maneira como a elaboração de uns teve ou recebeu influência de outros. Entre *Fenomenologia e psicologia* e *A questão antropológica*, do qual nos ocuparemos em seguida, há certa circularidade ou, se assim se preferir, solidariedade interpretativa. Assim, por exemplo, no que concerne à noção de mundo, a leitura de Husserl, em *Fenomenologia e psicologia*, e a de Malebranche (1638-1715), em *A questão antropológica*, remetem uma à outra, sem que possamos estabelecer com precisão qual foi elaborada primeiro, total ou parcialmente, ou se o foram em conjunto. Em todo caso, a modo de exemplo, a importância que Foucault concede à colocação entre parênteses de um entendimento infinito, a propósito da noção de verdade na fenomenologia, está, sem dúvida, vinculada à interpretação de Malebranche. Dessa perspectiva, por ter descartado a ideia de uma verdade infinita, Husserl aparece, de fato, como um anti-Malebranche.

❖❖❖

Em *A questão antropológica*, diferentemente de outros trabalhos dessa época, já não se trata da abordagem crítica de um autor e de suas possíveis interpretações, mas de oferecer um olhar de conjunto a propósito de um problema. Com efeito, Foucault desenvolve, aqui, uma interpretação da história do pensamento moderno e contemporâneo que, em vários aspectos, manterá ao longo de todo o seu percurso intelectual. O núcleo dessa interpretação é, justamente, a questão antropológica, a caracterização da Modernidade como a época da antropologia. Como veremos, por antropologia não devemos entender aqui nem uma determinada disciplina científica nem um ramo específico da filosofia, mas o recíproco pertencimento do homem e a verdade. A partir do momento em que a verdade não advém nem da infinitude de Deus nem da infinitude da natureza, mas do homem e de seu mundo, deparamo-nos com essa disposição do pensamento e, sobretudo, da filosofia que Foucault denomina "antropologia".[10]

❖ ❖ ❖

Para explicar como se formou historicamente a disposição antropológica da Modernidade e também de que maneira começou a se desfazer, a exposição de Foucault divide-se, assim como em *História da loucura na Época Clássica* e em *As palavras e as coisas*, em três épocas: a que habitualmente, no mundo francófono, é denominada Época Clássica (séculos XVII e XVIII),[11] a Modernidade

---

[10] É necessário esclarecer, porém, que, apesar do que dissemos sobre a relação entre verdade e mundo em Husserl, pelo menos de acordo com a interpretação que Foucault nos oferece em *Fenomenologia e psicologia*, a fenomenologia de Husserl não constitui uma subordinação da verdade ao homem e, portanto, não se inscreve no que Foucault concebe como disposição antropológica em *A questão antropológica* (2022).

[11] Em espanhol, habitualmente a expressão "época clássica" remete aos séculos de ouro da Antiguidade grega e latina. Nos escritos de Foucault, sobretudo nos dos últimos anos, aparece também com esse sentido. Em outros trabalhos, porém, como em *História da loucura* ou em *As palavras e as coisas*, segundo um uso corrente em francês, remete à época da literatura clássica francesa, os séculos XVII e XVIII; em termos filosóficos, trata-se do período que vai de Descartes a Kant. De acordo com o uso que se faça dessa expressão, a Modernidade começará no século XVII ou no XVIII,

(séculos XIX e XX) e a que é inaugurada pela obra de Nietzsche, ao final do século XIX. Essas duas últimas, embora, em parte, sobreponham-se no tempo, são conceitualmente distintas. Não se trata, por isso, de épocas em um sentido exclusivamente cronológico.

Nos termos definidos anteriormente, dessa relação constitutiva entre o homem e a verdade, uma antropologia era impossível na Época Clássica. Descartes ou Hobbes podiam escrever tratados sobre o homem, mas estes não constituem uma antropologia. Na Época Clássica, a verdade sobre o homem não provém dele, mas, segundo Foucault, da infinitude da natureza, da transcendência da imaginação ou da felicidade paradisíaca.

Para Galileu ou Descartes, as leis do movimento e, portanto, a racionalidade da natureza, observa Foucault, não dependem das condições de existência do mundo, mas apenas da inteligibilidade abstrata da geometria. É uma questão de quantidade, de medida, de cálculo. Definitivamente, a natureza é extensão inteligível e, portanto, infinita. Assim concebida, distingue-se do mundo dos gregos, o *kosmos*, um universo com limites e que requeria as causas que o pusessem em movimento, principalmente a causa final. Nada disso é necessário para pensar a natureza da nova física. Nesse sentido, "o tratado cartesiano do *Mundo* é, na realidade, o atestado de óbito do mundo" (Foucault, 2022, p. 25 [10]).

Mas o *kosmos* dos antigos não é o único sentido que Foucault atribui ao termo "mundo". Os sonhos ou os sentimentos, junto ao rosto dessa natureza infinita que se mostra nos sentidos, constituem, para o homem, seu mundo. Este se manifesta sobretudo na imaginação, o lugar de encontro entre a alma e o corpo, entre o conhecido e o vivido, entre a verdade e o erro. Esse mundo

---

isto é, com Descartes, como na *Hermenêutica do sujeito*, ou com Kant, como em *As palavras e as coisas*.

é o das qualidades: formas que não são nem geométricas nem infinitas, tingidas de cores, próximas do homem. A imaginação, desse modo, é o "devir humano da natureza, a aurora de um mundo" (Foucault, 2022, p. 92 [70]).

A propósito da imaginação na Época Clássica, a figura de Malebranche, pela qual Foucault se interessa a partir dos cursos de Merleau-Ponty, converte-se em peça-chave da argumentação. Para Malebranche, ainda que, por um lado, as imagens se nutram dos sentidos, de uma porção do espaço com seu conteúdo concreto, o movimento da imaginação nos devolve o infinito da natureza que habita nessas imagens (Foucault, 2022, p. 36-37 [22-23]). Por outro, aquilo que Malebranche, para explicar os erros da imaginação, denomina de "julgamentos naturais" não são mais que a marca de uma transcendência que remete o homem a Deus. Definitivamente, tampouco na imaginação encontra lugar uma verdade própria do homem.

Se, para a Época Clássica, há um homem verdadeiro, ele está antes ou depois do homem, seja na felicidade do paraíso que alguma vez habitou, seja na felicidade do céu ao qual pode aspirar. Ali a verdade consiste em contemplar o rosto divino. É novamente a verdade de Deus, que calculou a natureza e cuja transcendência não deixa de se manifestar mesmo nos níveis mais originários da sensibilidade (Foucault, 2022, p. 40 [25]). O velho Adão ou o novo Adão são, definitivamente, "o homem antes [ou depois] da antropologia" (Foucault, 2022, p. 45 [31]).

Assim, nos séculos XVII e XVIII, um triplo impedimento tornava impossível qualquer antropologia, isto é, uma verdade humana acerca do homem: a infinitude da natureza, a transcendência da imaginação e a felicidade paradisíaca.

❖ ❖ ❖

Ao final do século XVIII, nos primórdios da Modernidade, abrem-se novas possibilidades. Encontramo-nos aqui com uma problemática decisiva, em que emerge novamente a figura de Kant, e que define a partir desse momento a orientação do percurso foucaultiano. Referimo-nos às relações entre Modernidade e antropologia.

Embora as Luzes francesas (Helvétius, Condillac, Diderot) já tivessem aberto, em parte, o caminho, apenas a partir da filosofia crítica de Kant torna-se possível uma antropologia. De todo modo, Foucault nos adverte que essa abertura do "domínio antropológico" não está necessariamente vinculada ao pensamento crítico de Kant (Foucault, 2022, p. 52 [39]). Kant tornou historicamente possível a antropologia, mas isso não significa que seu pensamento seja necessariamente uma antropologia nem que ele seja o primeiro antropólogo. Pois esses elementos transcendentais que, segundo Kant, tornam possível *a priori* o conhecimento científico não se identificam com a natureza humana (Foucault, 2022, p. 58-59 [46-47]), mas com a de qualquer entendimento finito.

O escrito de Kant intitulado *Antropologia do ponto de vista empírico* (ao qual Foucault dedicará, mais tarde, sua tese complementar de doutorado) está, por isso, subordinado à sua obra crítica, pois não se situa no mesmo nível. Em suas três críticas (da razão pura, da razão prática e da faculdade de julgar), Kant busca estabelecer o alcance e os limites do que podemos conhecer, do que devemos fazer e do que podemos esperar. Esse alcance e esses limites são determinados *a priori*, isto é, independentemente da experiência. Na *Antropologia*, por sua vez, como o título sugere, trata-se de uma perspectiva empírica, do modo como usamos concretamente as faculdades de conhecer, querer ou esperar. Crítica e antropologia, definitivamente, diferenciam-se como o *a priori* ou o transcendental do empírico.

Apesar dessa diferença, a filosofia crítica abriu, como dissemos, o caminho da antropologia. Entre outras razões, segundo nosso autor, por ter reformulado as relações entre natureza e mundo e elaborado uma nova teoria da imaginação, que a vincula ao tempo e a converte em fonte da verdade. Em ambos os casos, Kant desloca a noção de infinito da Época Clássica com uma nova concepção da finitude.

A partir daqui, o pensamento posterior a Kant, começando por Hegel, em vez de subordinar a antropologia à crítica, sobrepôs uma à outra, de modo que, "para ter acesso à verdade, o homem tem de passar através do homem" (Foucault, 2022, p. 96 [74]). Da antropologia, a crítica receberá agora seu conteúdo e seu fundamento. Desse modo, o lugar que ocupavam no pensamento crítico as formas *a priori* do conhecimento será ocupado pelo que se concebe como a essência do homem ou como sua dimensão originária. Em *A questão antropológica*, são sobretudo Ludwig Feuerbach (1804-1872) e Wilhelm Dilthey (1833-1911) aqueles que levaram a cabo essa tarefa.

Esse homem verdadeiro, essencial ou originário funciona, então, como um transcendental que, curiosamente, é ao mesmo tempo empírico. Em outros termos, o homem (sua essência, sua dimensão originária) é uma condição de possibilidade de conhecimento do próprio homem, com as ambiguidades às quais o movimento entre a condição e o condicionado e vice-versa podem dar lugar. O homem criticado converte-se, com efeito, em fundamento da própria crítica (Foucault, 2022, p. 110 [92]). Em resumo, a disposição antropológica pode ser definida como a situação em que o homem, sua natureza ou sua história se convertem no transcendental do pensamento filosófico.

❖❖❖

A terceira parte de *A questão antropológica*, dedicada totalmente a Nietzsche, tem por título "O fim da antropologia". Para Foucault, o pensamento de Nietzsche representa a saída da disposição antropológica surgida da crítica kantiana e, consequentemente, da deriva antropológica do século XIX. Nietzsche substitui a pergunta kantiana, que domina a *Crítica da razão pura*, sobre as condições de verdade dos juízos sintéticos *a priori*, os juízos científicos, pela pergunta a propósito de por que deveríamos aceitar a verdade desses juízos, da ciência em geral, e, em última instância, simplesmente, a verdade. Uma vez suprimido o privilégio da verdade sobre o erro, também a pergunta "O que é o homem?", a pergunta pela verdade do homem, torna-se improcedente. A crítica kantiana sobre a possibilidade do conhecimento verdadeiro é deslocada, desse modo, pela crítica nietzscheana da noção de verdade. Para Foucault: "Nesse espaço crítico desobstruído por Nietzsche, sob a forma da liberdade dionisíaca do espírito, desentranha-se pela primeira vez a implicação entre a verdade e o homem, que foi o problema mesmo da antropologia desde Kant" (Foucault, 2022, p. 162 [134]).

A propósito desse deslocamento, nosso autor se questiona sobre o papel que, no pensamento de Nietzsche, desempenham a biologia e a psicologia como formas de interrogação filosófica sobre a verdade. A questão da biologia leva-o a retomar em um sentido novo o naturalismo e o evolucionismo, sobretudo do século XIX, em relação aos quais, como vimos, mostrou-se reiteradamente crítico, por exemplo, no referente à psicanálise freudiana. Mas, em relação a Nietzsche, evolucionismo e naturalismo são tomados em um sentido filosófico diferente e até oposto ao que lhes é atribuído em outros textos dessa época. Esse evolucionismo filosófico, assim, não consiste em uma doutrina do progresso, mas do devir, no qual se dissolve a essência humana e se descobrem horizontes múltiplos. Desse modo, o homem atual aparece apenas como uma etapa, nem sequer necessária e, em todo caso, de nenhum modo um fim. Nesse evolucionismo filosófico, o homem vincula-se à animalidade, coloca a máscara do bicho, mas não como uma forma inferior da natureza humana, e sim daquilo ao qual deve voltar, como "repetição da liberdade em sua forma mais originária e mais radical" (Foucault, 2022, p. 167 [139]). O mesmo ocorre com a psicologia. Não se trata de procurar nela a verdade do homem, mas, ao contrário, o que pode liberar o homem de sua verdade, das supostas essências. Nesse sentido, Foucault fala de "uma psicologia da psicologia", de uma "análise não da alma, mas do movimento pelo qual o homem dá a si mesmo uma alma" (Foucault, 2022, p. 168 [140]). O método dessa psicologia da psicologia será, desse modo, filológico, interpretação das explicações da psicologia científica como mitologia.

O retorno à natureza por parte do evolucionismo e da psicologia, entendidos filosoficamente, não implica, por isso, nenhuma forma de determinismo. Em seu lugar, ao contrário, encontramo-nos com uma "abertura às formas mais impossíveis da liberdade". Ou, de acordo com outra das formulações foucaultianas em sua interpretação de Nietzsche, com a negação da natureza como verdade natural (Foucault, 2022, p. 177 [151]) e, sem dúvida pode-se dizer, como superação de toda verdade.

A figura nietzscheana de Dioniso, o deus filósofo, é a superação do homem, ao mesmo tempo que a superação da verdade. Nesse mesmo sentido, Foucault afirma: "O mito de Dioniso, Ariadne e Teseu é, pois, a retomada dessa superação da verdade, mas é ao mesmo tempo a descoberta de que, ao perder a verdade, o homem se perde a si mesmo, e que, se supera a verdade, para reencontrar-se na familiaridade da aparência e da solidão, já não é sob a forma essencial do homem autêntico, é sob a forma do homem superado, no delírio dionisíaco" (Foucault, 2022, p. 190-191 [165-166]).

❖ ❖ ❖

Mas, se Nietzsche representa o momento em que a disposição antropológica – entendida como a verdade do homem (no duplo sentido do genitivo: a verdade que provém do homem e a verdade sobre o homem) – se dissolve, a supressão nietzscheana da verdade implica também a de todo transcendental. Isto é, de tudo aquilo que se apresentava, no fundo, como uma forma de verdade da verdade, aquilo que, pelo menos desde a época de Kant, é pensado como a condição de possibilidade de toda verdade e, portanto, também do erro. Com Nietzsche, os papéis se invertem, e o erro se converte na condição da verdade (Foucault, 2022, p. 184 [159]). Nesse ponto, alinhado às leituras de Karl Jaspers e Martin Heidegger, das quais posteriormente tomará distância, Foucault interpreta o pensamento de Nietzsche como o último capítulo da história da metafísica, como "repetição metafísica do dionisíaco" (Foucault, 2022, p. 195 [70]), na qual o niilismo torna-se destino da história ocidental (Foucault, 2022, p. 217 [191]).

❖❖❖

Em seu conjunto, os escritos do jovem Foucault até agora publicados nos mostram dois percursos complementares. Por um lado, a leitura crítica dos autores que constituíam as referências dominantes da filosofia da época: Kant, Hegel, Husserl. A eles une-se o interesse pelos desenvolvimentos da psicologia e da psicanálise, sobretudo em relação aos trabalhos de Ludwig Binswanger e à análise existencial. Por outro, um mapa geral da filosofia moderna e contemporânea, que tem como eixo a questão antropológica, a relação recíproca entre o ser do homem e a verdade. Ao final desse percurso emerge, como acabamos de ver, a figura de Nietzsche.

A questão do transcendental, a condição de possibilidade da verdade, e sua relação com a história atravessam todos esses desenvolvimentos e em grande medida os motivam e animam, de maneira dominante, em sua tese sobre Hegel. A noção hegeliana de saber absoluto, o significado da totalidade das experiências teóricas e históricas da subjetividade, é interrogada a partir dessa perspectiva. Em *Ludwig Binswanger e a análise existencial*, a questão do transcendental emerge em relação à doença mental, como interrogante a respeito das condições de possibilidade das experiências mórbidas do espaço, do tempo e da intersubjetividade. Desse modo, aqueles que, para a análise existencial, eram casos clínicos, para Foucault, tornam-se experiências filosóficas. Em *Fenomenologia e psicologia*, especificamente em Husserl, o lugar do transcendental é ocupado pela noção de mundo, na qual se explora a possibilidade de uma verdade que se deixou de lado, pondo entre parênteses a existência de Deus e da natureza, e a relação entre verdade e tempo, razão e história torna-se uma questão arqueológica, isto é, acerca da origem absoluta. E, finalmente, em *A questão antropológica*, a própria figura do homem é abordada em sua função transcendental. Ao final desse percurso, Nietzsche aparece como a dissolução da questão do transcendental e, desse modo, como a necessidade de se interrogar acerca da tarefa da filosofia.

Capítulo 2
Da história da psicologia à história da loucura

Os anos de aprendizagem de Michel Foucault dividem-se, como vimos, entre a filosofia e a psicologia. A doença mental é a experiência privilegiada para analisar como esses dois campos se cruzam. Ela é, sem dúvida, um tópico central para a psicologia, e veremos que, num primeiro momento, Foucault se interessa pelos modos como o saber psicológico a definiu em termos de déficit evolutivo ou adaptativo, em relação com o desenvolvimento biológico ou com as condições históricas da existência. Mas, em um segundo momento, a loucura converte-se em questão cuja historicidade e organização epistêmica também se vinculam a preocupações filosóficas, e muda de lugar nas análises foucaultianas. Já não é mais aquilo que é preciso interrogar a partir do saber da psicologia e da filosofia. Agora aparece, em vez disso, como a experiência capaz de interrogar com profundidade os fundamentos da própria psicologia e da própria filosofia, como a enfermidade recorrente de nossa sociedade. Qual é a história da separação entre razão e loucura, entre sãos e doentes mentais? Que espaços conceituais e institucionais couberam casualmente a cada um? O que essa cisão nos diz a respeito do homem moderno? De que modo, na literatura contemporânea, a loucura faz ouvir de novo sua voz depois do longo silêncio imposto a ela pela razão moderna?

A doença mental, entre significado e dialética

Além de sua atuação acadêmica e hospitalar no campo da psicologia, entre 1954 e 1957, Foucault publica vários trabalhos sobre o tema: *Doença mental e personalidade* (1954), seu primeiro livro; uma extensa "Introdução" à tradução francesa de *O sonho e a existência*, de Ludwig Binswanger; "A psicologia de 1850 a 1950", um balanço de 100 anos dos desenvolvimentos dessa disciplina; e uma intervenção intitulada "A pesquisa científica e a psicologia".[12] Nesses escritos, as noções de significado e de dialética aparecem como os dois caminhos necessários para compreender a doença mental. Mas, sobretudo, Foucault esboça um panorama geral do desenvolvimento da psicologia, com o propósito de mostrar as dificuldades e contradições atravessadas pela própria ideia de uma psicologia científica, para além das diferentes abordagens.

❖❖❖

O sonho e a existência, artigo de Binswanger publicado originalmente em 1930, constitui, segundo Foucault, o primeiro texto, estritamente falando, da análise existencial. Em sua "Introdução" a esse trabalho, Foucault parte novamente de uma leitura entrecruzada e crítica de Freud e de Husserl; nesse caso, a propósito do modo como a existência manifesta a si mesma no sonho, pois,

---

[12] Esses três últimos trabalhos foram reeditados na compilação *Dits et écrits* [*Ditos e escritos*] (Foucault, 1994, v. I, p. 65-158).

mais do que da relação entre sonho e existência, como sugere o título, trata-se do sonho enquanto forma de expressão da existência.

Foucault aproveita uma coincidência bibliográfica. Em 1900, aparecem tanto *A interpretação dos sonhos*, de Freud, como o primeiro volume das *Investigações lógicas*, de Husserl. No caso da psicanálise, para Foucault, Freud não elaborou suficientemente a noção de símbolo em relação aos sonhos. Eles são analisados referindo seu significado às formas do desejo, mas descuidando da morfologia e da sintaxe próprias das imagens (Foucault, 1994, v. I, p. 70; *v. I, p. 72*). A psicanálise freudiana descobre o sentido dos sonhos do mesmo modo como fazem os arqueólogos com as línguas perdidas, isto é, tentando desvelar o sentido de uma palavra pertencente a uma língua cuja gramática ignoram (Foucault, 1994, v. I, p. 71; *v. I, p. 71*). Será mérito de Lacan suprir, em parte, essa limitação. Em todo caso, porém, ao proceder assim, Freud confunde, nas imagens convertidas em símbolo, o conjunto de indícios que marcam nelas feitos anteriores ou experiências silenciosas com a significação dessas imagens. A diferenciação entre indício e significação (e, em última instância, segundo Foucault, entre sintomatologia e semântica) constitui, em contrapartida, uma das maiores contribuições da primeira das *Investigações lógicas*, de Husserl (Foucault, 1994, v. I, p. 78; *v. I, p. 78-79*). No entanto, ao remeter as formas expressivas das imagens à dimensão de seu próprio significado, a fenomenologia corre o risco de separar essas formas – ao contrário do que ocorre na psicanálise – de toda indicação que não remeta a ele. Daí a tarefa que se propõe Binswanger em *O sonho e a existência*: "encontrar o fundamento comum às estruturas objetivas da indiciação, aos conjuntos significativos, aos atos de expressão, esse era o problema proposto pela dupla tradição da fenomenologia e da psicanálise" (Foucault, 1994, v. I, p. 79; *v. I, p. 79*).

Trata-se, observa Foucault, de uma questão que Binswanger não formula de maneira explícita em seus textos, mas à qual, no entanto, respondeu. Nesse sentido, Foucault avança, a partir dos textos de Binswanger, em direção a uma antropologia da imaginação, voltando repetidas vezes às críticas a Freud, a quem desaprova ter psicologizado a imaginação com sua hermenêutica dos sonhos. Na perspectiva dessa antropologia, ao contrário, os sonhos "desvelam o movimento originário pelo qual a existência, em sua irredutível solidão, projeta-se em direção a um mundo que se constitui no lugar de sua história" (Foucault, 1994, v. I, p. 90; *v. I, p. 91*).

Para desobstruir o caminho da antropologia da imaginação implícita nos textos de Binswanger, Foucault começa assinalando que o pensamento do psiquiatra suíço retoma uma ampla tradição solidamente estabelecida, até que, no século XIX, os sonhos foram reduzidos a uma rapsódia de imagens. Refere-se efetivamente a esse acervo cultural – literário, místico, popular, presente nos textos cartesianos e pós-cartesianos (Foucault, 1994, v. I, p. 82; *v. I, p. 82*) – que situa a imaginação e os sonhos no campo da teoria do conhecimento.

Dessa tradição Foucault recupera alguns dos protagonistas e conceitos centrais: os sonhos proféticos do *Tratado teológico-político*, de Espinosa; a transcendência da imaginação em Malebranche; a teologia cristã, na qual a imaginação e os sonhos trazem à luz a precariedade da liberdade humana, sempre suscetível de se deixar condicionar; e, mais distantes no tempo, Platão e também Heráclito, para quem o homem que dorme se orienta a um mundo que lhe é próprio. Desse último – destaca Foucault – Binswanger se ocupara reiteradas vezes, depois de seu *O sonho e a existência*, para mostrar que, "ao romper com essa objetividade que fascina a consciência durante a vigília e ao devolver ao sujeito humano sua liberdade radical, o sonho revela paradoxalmente o movimento da liberdade em direção ao mundo, o ponto originário a partir do qual a liberdade se converte em mundo" (Foucault, 1994, v. I, p. 90-91; *v. I, p. 91*).

Partindo dessa perspectiva, Foucault retorna aos limites da interpretação freudiana, na qual o sujeito aparece identificado com algum dos personagens ou elementos colocados em jogo nas imagens. Essa subjetividade é, por isso, uma subjetividade reduzida, e até objetivada. Para Binswanger, por sua vez, o sujeito do sonho é o próprio sonho, por inteiro. Nele, "tudo diz 'eu', até os objetos e os bichos, inclusive o espaço vazio e também as coisas distantes e estranhas, que povoam a fantasmagoria" (Foucault, 1994, v. I, p. 100; *v. I, p. 101-102*). Sonhar é fazer essa experiência de outro mundo, que se estende a todas as dimensões da existência: as do espaço, as do tempo (não só o passado, mas, sobretudo, o futuro) e as da intersubjetividade.

Mas o caminho fenomenológico empreendido por Binswanger a propósito do modo como a própria existência se manifesta nos sonhos tem, contudo, seus limites. Pois o sonho não é, finalmente, a forma absoluta e definitiva da imaginação. O trabalho da imaginação prossegue, além da vida onírica, em todas as formas de expressão: na linguagem, na obra de arte, na ética (Foucault, 1994, v. I, p. 118; *v. I, p. 120*). Por isso, ao final de sua "Introdução", nosso autor assinala a necessidade de se encaminhar não apenas a essa antropologia da imaginação à qual apontam os trabalhos de Binswanger, mas também, muito mais fundamental, a uma antropologia da expressão.

❖❖❖

Em *Doença mental e personalidade*, seu primeiro livro publicado em vida, a questão do significado, em torno da qual circundam seus escritos sobre Freud, Husserl e Binswanger, conjuga-se com a noção de dialética.

Para Foucault, como assinalado, nem a psicanálise, nem a filosofia da existência, nem a combinação das duas se mostram suficientes para compreender a doença mental, porque, para além de suas formas de manifestação na história individual, há doença mental quando "a dialética psicológica do indivíduo não encontra seu lugar na dialética de suas condições de existência" (Foucault, 1954, p. 102).

Por isso – sustenta Foucault –, a doença mental ou – retomando um termo clássico – a alienação mental não é, então, uma espécie de substância que cristaliza em torno de si as condutas morbosas – como supunham, seguindo o modelo da patologia orgânica, as primeiras formas de psicopatologia –, mas uma consequência da alienação social. Ainda que a psicologia possa descrever a dimensão psicológica das enfermidades mentais, suas condições de aparição só podem ser explicadas a partir das formas concretas da alienação histórica. Assim, por exemplo, as neuroses de regressão – defende Foucault – não manifestam simplesmente a natureza neurótica da infância, mas também o arcaico de nossas instituições pedagógicas, que se inscrevem no conflito entre as formas idealizadas da educação infantil e as condições reais da vida adulta, e estabelecem entre esses dois mundos, o infantil e o adulto, uma ruptura e uma separação. Os delírios religiosos, por sua vez, encontram suas condições de possibilidade em uma cultura na qual as crenças religiosas já não fazem parte da experiência cotidiana. Nesse sentido, Foucault considera que o complexo de Édipo é uma "versão reduzida" da dialética entre a vida e a morte que atravessa as estruturas econômicas e sociais (Foucault, 1954, p. 82-89). Com a intenção de identificar os mecanismos mediante os quais se passa da alienação histórica e social à alienação mental, Foucault dedica o último capítulo de *Doença mental e personalidade*, intitulado "A psicologia do conflito", às correntes inspiradas na teoria dos reflexos condicionados de Ivan Pavlov.

À distância, afirma sobre seu primeiro livro: "*Doença mental e personalidade* é uma obra totalmente separada de tudo o que escrevi em seguida. É de um momento em que os diferentes sentidos do termo 'alienação', seu sentido sociológico, histórico e psiquiátrico, confundiam-se em uma perspectiva fenomenológica, marxista e psiquiátrica. Atualmente não há qualquer nexo entre essas noções" (Foucault, 1994, v. IV, p. 665; *v. I, p. 309*).

Em 1962, Foucault publica com outro título, *Doença mental e psicologia*, uma nova edição de seu primeiro livro, com a segunda parte completamente reelaborada. Em lugar das referências a Pavlov e a seus discípulos, encontramos agora uma síntese de sua tese de doutorado, publicada em 1961 como *Loucura e desrazão. História da loucura na Época Clássica*. O eixo dessa nova segunda parte já não é a relação entre a alienação social e a alienação mental, mas a aparição, no Ocidente, do *homo psychologicus*, isto é, o modo como a loucura foi reduzida a doença mental e encerrada no mundo da interioridade e da culpa. Como no texto de 1954, porém, na reedição de 1962 as doenças mentais e o estatuto conferido aos loucos continuam sendo uma manifestação da verdade da sociedade à qual pertencem, e suas condições históricas, o *a priori* concreto da morfologia das doenças mentais.

❖❖❖

Ao passo que, em *Doença mental e personalidade*, as reflexões de Foucault estão centradas no campo da psicopatologia, em "A psicologia de 1850 a 1950", Foucault nos oferece sua interpretação do desenvolvimento da psicologia em geral ao longo de um século. Aqui, deparamo-nos com um balanço de muitos dos temas que abordou em sua "Introdução" a Binswanger, em *Doença mental e personalidade* e, além disso, como agora podemos advertir graças às recentes publicações, nos escritos de seus anos de aprendizagem. As questões do significado e da dialética, que atravessavam esses trabalhos, são retomadas em uma perspectiva histórica mais ampla, relacionados com as origens e o destino da psicologia como ciência. Com efeito, para Foucault, durante esse período a psicologia esteve marcada pela exigência, herdada do Iluminismo, de se adequar ao modelo das ciências naturais e, ao mesmo tempo, pelas contradições desse projeto: por um lado, a necessidade de aplicar um método de conhecimento que se apoie em dados objetivos, como fazem a física ou a biologia, e, por outro, a impossibilidade de levá-lo a cabo. Diferentemente do que ocorre com o conhecimento da natureza, a psicologia não nasce das regularidades, mas das contradições da vida humana. A psicologia da adaptação surge, por exemplo, do estudo das formas de inadaptação; a da memória, do esquecimento e do inconsciente; a da aprendizagem, do fracasso escolar. O homem não é, nesse sentido, uma realidade como as outras.

Apesar disso, em razão dessa exigência, a psicologia serviu-se originariamente de modelos inspirados em Newton, Bichat ou Darwin, a partir dos quais buscou construir uma ciência empírica do homem partindo de seus elementos físico-químicos, orgânicos ou evolutivos. Desse modo, junto à noção de organismo foi introduzida a ideia de espontaneidade no âmbito dos fenômenos psíquicos, e os partidários do evolucionismo, como Herbert Spencer, mostraram por que os fatos psicológicos não podem ser entendidos sem referência ao passado e ao futuro. Mas o evolucionismo em psicologia, ainda que certamente tenha representado um avanço, continuou prisioneiro de seus pressupostos e não foi capaz de perceber que a orientação temporal dos feitos psicológicos não é apenas uma força natural que segue um desenvolvimento previsto, mas também uma significação que nasce e irrompe na vida das pessoas (Foucault, 1994, v. I, p. 125; *v. I, p. 127*).

A doença mental não é apenas déficit ou regressão em relação a um desenvolvimento natural (Foucault, 1994, v. I, p. 128; *v. I, p. 130*). Por essa razão, ao final do século XIX, no âmbito da psicologia – sustenta Foucault –, encontramo-nos com uma redescoberta do sentido. No entanto, a introdução do sentido e da significação, o esforço para compreender e não meramente explicar, não conseguiu eliminar as contradições da história da psicologia. As psicologias do sentido ou da significação não deixaram de estar atravessadas por uma série de persistentes dicotomias: totalidade e elemento, gênese mental e evolução biológica, instituição social e condutas individuais. Por isso, dado que as contradições são "o que há de mais humano no homem" (Foucault, 1994, v. I, p. 137; *v. I, p. 139*), a psicologia deve decidir-se entre tentar superá-las ou assumi-las como as formas empíricas da ambiguidade que define o ser do homem. Se opta por essa última alternativa, deve abandonar, então, o projeto de uma ciência objetiva e orientar-se à filosofia.

❖❖❖

Segundo as próprias declarações de Foucault, como já observamos, a leitura de Nietzsche marcou seu afastamento das correntes de pensamento que dominaram seus anos de aprendizagem. Seus escritos da primeira metade da década de 1950, recentemente publicados, mostram-nos que sua leitura de Husserl foi também uma passagem decisiva nessa direção. Em relação a esse momento de ruptura, além de Nietzsche, Foucault menciona Blanchot e Bataille (Foucault, 1994, v. IV, p. 42-43; *v. VI, p. 291*) e, em termos gerais, certa literatura da época. Voltaremos a isso no próximo capítulo. Mas um texto breve de difícil datação (Foucault, 2019b), no qual Foucault contrapõe a noção de experiência na fenomenologia e em Bataille, merece nossa atenção antes de abordarmos a *História da loucura*.

Na fenomenologia – defende Foucault –, a experiência responde, em última instância, à necessidade de uma essência que a precede e a acompanha até o final do caminho. Em Bataille, ao contrário, ela mesma é a autoridade e "a descoberta do que não existe senão como silêncio" (Foucault, 2019b, p. 129). A experiência, então, "já não é um espírito em busca de reconciliação, uma consciência que se empenha em escutar a si mesma, nem um sujeito que se desloca sempre em direção à parte mais original de si mesmo, mas sim que dissipa, pela autoridade que demonstra e que constitui sua prova, todas as mitologias da origem, todos os fantasmas da alienação" (Foucault, 2019b, p. 127).

Como vemos, a distância entre a experiência fenomenológica, em suas diferentes versões, e a experiência que desnuda a escritura de Bataille, como a de Blanchot ou Klossowski, não pode ser maior. *História da loucura na Época Clássica* situa-se, precisamente, na tensão entre essas duas concepções de experiência. Certo resquício fenomenológico persiste ainda no uso da noção de experiência que faz Foucault, por exemplo, na ideia de um "grau zero" da loucura; mas, ao mesmo tempo, essa obra é concebida como a "arqueologia de um silêncio" (Foucault, 1994, v. I, p. 159-160; *v. I, p. 140-141*).

❖❖❖

Em 1955, Foucault se transfere para Uppsala como leitor de francês, para promover na universidade local a língua e a cultura de seu país. O posto havia sido ocupado antes pelo historiador das religiões Georges Dumézil, que se interessou pela candidatura de Foucault mesmo antes de conhecê-lo. Na Suécia, ministrará vários cursos sobre literatura francesa e receberá como convidado seu ilustre antecessor, Jean Hyppolite e Albert Camus. Aqui ganhará forma a ideia de escrever uma tese de doutorado sobre a história da loucura. Foucault pensa, inclusive, em apresentá-la na própria Universidade de Uppsala, mas o projeto não é aceito. Três anos depois, em 1958, desloca-se para Varsóvia – sempre dentro do serviço cultural exterior da França –, dessa vez para dirigir o Centro de Civilização Francesa. Por essa época, conclui a redação de sua tese e entrega o manuscrito a Georges Canguilhem, seu orientador.

As naves, a grande reclusão, o asilo psiquiátrico

> *Para falar da loucura, seria preciso*
> *o talento de um poeta.*
> Foucault em Eribon, 1989, p. 133; *p. 117.*

Foucault considera a *História da loucura na Época Clássica* seu primeiro livro (Foucault, 1994, v. III, p. 368; *V. VI, p. 156*); para sermos mais precisos, trata-se de seu primeiro grande livro. Seu atual título era originariamente o subtítulo. A primeira edição (recusada pela editora Gallimard, em parte por influência de Jean-Paul Sartre, e publicada na Plon graças às gestões do historiador Philippe Ariès), assim como a tese, tinha por título *Folie et déraison* (*Loucura e desrazão*). Na Época Clássica – como dissemos, séculos XVII e XVIII –, com efeito, a história da loucura se torna uma história da desrazão, de uma razão que não é como a dos outros, de uma racionalidade não razoável. Mas, ainda que o tema central da obra seja a descrição da experiência da loucura durante esses séculos, Foucault dedica o primeiro capítulo – intitulado precisamente "Stultifera Navis" – à figura renascentista da nau dos insensatos, e seu relato, nos dois últimos capítulos da terceira parte ("O nascimento do hospício" e "O círculo antropológico"), chega aos primórdios do século XIX. Desse modo, a experiência da desrazão na Época Clássica fica enquadrada pela experiência da loucura do Renascimento e da Modernidade.

No registro das práticas sociais, Foucault aborda, então, em primeiro lugar, a descrição da circulação da loucura, cuja figura maior está representada por essas naus com os loucos embarcados, que percorriam alguns dos mais importantes rios da Europa. Passa, em seguida, à grande reclusão, o espaço no qual eram recolhidos aqueles que não tinham lugar na sociedade burguesa europeia dos séculos XVII e XVIII: os loucos, os indigentes, os desocupados, os sodomitas, os blasfemos, as prostitutas, os libertinos etc. E, finalmente, o relato chega ao momento em que surge o asilo psiquiátrico como lugar de internação reservado aos doentes mentais. A cada uma dessas experiências sociais corresponde, no registro dos saberes (a filosofia, o direito, a medicina) ou da literatura, uma determinada concepção da loucura. Ela foi, para o Renascimento, a expressão de outro mundo, linguagem cósmica e trágica; para a Época Clássica, desrazão; e, para a Modernidade, doença mental.

❖ ❖ ❖

No Renascimento, a nau dos insensatos era um tema pictórico e literário cujos testemunhos chegaram a nós, mas também uma prática. Efetivamente, os loucos eram excluídos dos centros urbanos e embarcados para navegar sem rumo. Às vezes, eram acompanhados até os limites da cidade, celebrava-se seu funeral, e sua herança era distribuída. A água, lugar de uma peregrinante deriva e meio de purificação, acrescentava seu próprio simbolismo. As imagens dessas naves, representadas nas pinturas da época, como as de Bosch, falam da animalidade como natureza secreta do homem. Na literatura, em contrapartida, as imagens da loucura expressam sobretudo as fragilidades da razão humana, seus sonhos e suas ilusões, e desse modo se tornam sátira, como em Erasmo de Roterdã.

O ano 1656 constitui, para Foucault, uma data emblemática na história da loucura: é fundado o Hospital

Geral de Paris. A rigor, não se trata nem de um estabelecimento médico nem de uma instituição judicial, mas de uma instância da "ordem monárquica e burguesa que se organiza na França por essa época" (Foucault, 1999a, p. 73; *p. 57*). Um édito do rei estabelecia uma autoridade administrativa e vitalícia, com competência em toda a cidade, que, junto à polícia e independentemente da justiça, podia dispor sobre a reclusão, no Hospital Geral, de todos aqueles que perturbassem ou pudessem perturbar a ordem. A ideia se difundiu rapidamente em todas as cidades capitais de província do reino da França, e, com a criação de instituições similares na Inglaterra e na Alemanha, a prática de reclusão adquiriu, finalmente, dimensões europeias.

Novos personagens ocuparam, então, os espaços que haviam sido dos leprosos e que ficaram vazios após a extinção da peste. Pelo menos em sua origem, essa nova reclusão daqueles que não podem dar conta da própria vida é a resposta com a qual a Europa do século XVII tenta enfrentar uma crise econômica marcada pelo desemprego e pela escassez monetária. Por isso, sustenta Foucault: "o trabalho e a ociosidade traçaram no mundo clássico uma linha divisória que substituiu a grande exclusão da lepra" (Foucault, 1999a, p. 101). O traçado dessa linha foi acompanhado, ademais, pelo surgimento de uma nova sensibilidade social a respeito da pobreza. Em uma sociedade estimulada pela ética do trabalho e pela exigência de lucro, a pobreza e suas causas deixam de estar tingidas pelos valores religiosos e místicos de outrora e se convertem em um vício moral.

Sem pretender estabelecer uma relação causal entre os dois acontecimentos, Foucault não deixa de assinalar que as *Meditações metafísicas*, de René Descartes, pertencem à mesma época em que surgem na Europa as instituições destinadas a enclausurar os colocados à margem da sociedade. Em páginas célebres, que deram lugar a uma acalorada polêmica com Jacques Derrida,[13] Foucault esforça-se em mostrar que a loucura possui um estatuto próprio no caminho da dúvida cartesiana. A estratégia de Descartes consiste em estender ao máximo o alcance da dúvida, até chegar à hipótese de um gênio maligno que tudo sabe e tudo pode, e que utiliza esse saber e esse poder para enganar. Mas, antes, Descartes retoma diferentes argumentos históricos das posições céticas (os sentidos podem nos enganar, nem sempre é possível distinguir entre sonho e vigília etc.) e, nesse percurso, encontra-se com a loucura. Para Foucault, no entanto, ela não ocupa, "na economia da dúvida", o mesmo lugar que os outros motivos por meio dos quais Descartes chega à hipótese do gênio maligno. Esses outros motivos não resistem à força mesma da verdade, que nunca conseguem comprometer completamente. Ainda que os sentidos me enganem ou que eu nem sempre consiga distinguir entre sonho e vigília, sempre resta um resíduo de verdade. A loucura, ao contrário, é simplesmente excluída; para Descartes, quem pensa razoavelmente não pode estar louco (Foucault, 1999a, p. 68-69).

A Época Clássica se constitui, então, em função de uma dupla exclusão desenhada pelo perfil próprio da sociedade burguesa e da razão moderna: por um lado, a dos internados no espaço do Hospital Geral e, por outro, a da loucura no caminho cartesiano da dúvida. Desse modo – defende Foucault –, a loucura "entra em um tempo de silêncio do qual não sairá por muito tempo. Foi despojada de sua linguagem e, embora se tenha podido continuar falando dela, foi impossível para ela falar de si mesma" (Foucault, 1997b, p. 82; *p. 79*).

---

[13] A resposta de Foucault a Derrida foi incluída na edição de 1972 de *História da loucura*, no apêndice intitulado "Meu corpo, este papel, este fogo".

❖❖❖

    A segunda parte de *História da loucura* é toda dedicada, precisamente, ao modo como se falou da loucura ao longo do século XVIII. A alteridade do louco aparece definida, então, em relação à exterioridade do grupo. É "a diferença do Outro na exterioridade dos outros" (Foucault, 1999a, p. 237). O louco é aquele cuja linguagem, cujos comportamentos e cujos gestos não são como os dos demais. E, no entanto, apesar dessa relação de alteridade, embora de um modo diferente do que ocorria no Renascimento, também na Época Clássica a loucura está aparentada à razão, mas a uma razão não razoável, envolta nas fantasias que são produzidas por uma sensibilidade e uma imaginação perturbadas. Posso imaginar que estou morto, mas isso, em si, não faz de mim um louco, porque pode tratar-se de um sonho. Mas se, estando acordado, imagino que estou morto e extraio disso as consequências que se seguem – que estou imóvel ou que não preciso mais comer –, então estou louco. A desrazão é esse sonho das pessoas acordadas, uma cegueira que obscurece a relação do homem com a verdade. Essa razão envolta nos erros da imaginação e da fantasia constitui o delírio propriamente dito. A desrazão não é, portanto, uma doença do espírito ou da alma, mas do corpo e da alma em conjunto, da maneira como se comunicam. Por isso, para a Época Clássica, a paixão, entendida como o movimento irracional da razão originado pela influência do corpo sobre o espírito, é definitivamente a causa mais constante e obstinada da loucura.

    A pergunta sobre como definir a loucura foi respondida pela medicina da época com uma série de noções: a demência, como impossibilidade de acessar a verdade; a mania, um delírio parcial sem febre; a melancolia, um delírio duradouro colorido por angústia e tristeza; a histeria, como irritabilidade geral do corpo feminino; e a hipocondria, no masculino. São noções que, por certo, não têm nada de novo, mas foram reelaboradas pela medicina da Época Clássica. Nesse contexto, Foucault interessa-se pelo grupo constituído pela histeria e pela hipocondria, pois duas modificações introduzidas no século XVIII parecem-lhe particularmente significativas. Por um lado, a tendência a reunir ambas as figuras sob o conceito comum de doença dos nervos, entendida como essa irritabilidade geral do corpo que afeta a vida do espírito. Por outro lado, o deslizamento da loucura, por meio delas, às zonas do inconsciente e da culpa (Foucault, 1999a, p. 374).

❖ ❖ ❖

A última parte da obra, a terceira, trata do modo como a experiência da loucura foi sendo transformada na segunda metade do século XVIII e, portanto, das condições que tornaram historicamente possíveis a psiquiatria e a psicologia, isto é, a maneira como o homem se converteu em uma espécie psicologizável. Ou seja, o que nos é narrado, em suma, é o nascimento do *homo psychologicus*. Essas modificações afetam, novamente, tanto o registro das instituições como o dos saberes. Por um lado, o espaço da grande reclusão, o Hospital Geral, recupera alguns dos poderes simbólicos e imaginários que haviam sido próprios dos leprosários. Efetivamente, esses espaços de reclusão voltam a produzir temor pelas epidemias que poderiam brotar e expandir-se a partir deles. A isso se soma a multiplicação do número de pessoas atingidas pela denominada "doença dos nervos". Por outro lado, as condições econômicas mudaram. Já não é preciso combater o desemprego como um modo de controlar a população ociosa, ao contrário, trata-se de remediar a falta de mão de obra nas terras conquistadas e nas zonas rurais. A sensibilidade social em relação à pobreza se modifica uma vez mais. A prática de enclausurar os indigentes é percebida, portanto, como um desperdício de mão de obra necessária e que, além disso, consome pouco. Começam a se desfazer, então, os nexos que vinculavam a loucura, a desrazão e a miséria. Mas a mudança não se produz apenas no exterior; também dentro dos muros a experiência da reclusão sofre modificações. Entre os reclusos, aqueles que não estão loucos ou não são assim considerados negam-se a ser confundidos com eles.

Nesse novo contexto, na segunda metade do século XVIII, a relação entre loucura e reclusão é reformulada e aprofundada, e conduz finalmente à experiência da loucura como doença mental. Por um lado, aparecem espaços de internação reservados aos loucos. Será a justiça, a partir de agora, a encarregada de decidir quem deve ser recluído; para isso, assimilará os valores da sociedade burguesa às normas da saúde e da razão. E, nessas instituições reservadas aos loucos, fará sua entrada, rodeada de novos poderes, a figura do médico. Por outro lado, a relação da loucura com a razão, parcial ou totalmente ausente, que definia a experiência clássica da desrazão, cederá lugar à relação da loucura com a liberdade. Quanto àqueles que têm as faculdades mentais alteradas e, portanto, não podem fazer um bom uso de sua liberdade, a sociedade tem direito de lhes limitar essa liberdade, alienando sua vontade e transferindo-a à do médico. Desse modo, a reclusão constrói a figura do alienado, e, sobre essa base, ao vincular a dimensão exterior da exclusão à dimensão interior da culpabilidade (Foucault, 1997b, p. 88; *p. 84-85*), a loucura acaba se convertendo em doença mental.

Para compreender as conclusões de Foucault, é necessário deter-se em suas análises dos chamados reformadores da psiquiatria, Samuel Tuke e Philippe Pinel, e das casas de retiro criadas pelo primeiro e do asilo do segundo. As instituições de Tuke eram casas no campo, espécie de comunidades de enfermos e custodiados, animadas pelos valores e conteúdos da religião e organizadas também segundo modelos de origem religiosa quanto aos horários e à distribuição do espaço. Nelas, sob a autoridade de um administrador, os internos eram submetidos à rotina do trabalho e incentivados a buscar a estima dos outros. Assim, sustenta Foucault, Tuke substituiu o terror da loucura pela angústia da responsabilidade em uma relação entre custodiados e enfermos que pretende emular a relação entre pais e filhos. O asilo de Pinel tinha uma configuração diferente. Não era uma segregação de caráter religioso ou quase religioso, como as casas de repouso, mas, ao contrário, um âmbito não religioso. Ou, para sermos mais exatos, um espaço no qual havia sido suprimido todo o imaginário religioso, mas não a moral da ordem e do trabalho. O silêncio, o reconhecimento da própria doença e a submissão ao julgamento moral e científico da autoridade apresentavam-se como meios de tratamento. Porém, além dessas diferenças, as táticas adotadas em ambas as instituições – desafios, ameaças, humilhações, castigos, privação de alimentos – constituíam uma estratégia de infantilização e culpabilização do louco.

Na leitura foucaultiana, como vemos, o nascimento da psiquiatria está ligado, mais do que ao advento de uma nova forma de humanismo e, consequentemente, de humanização das condições de internação dos loucos, sobretudo a uma reelaboração das formas de sujeição. No asilo, a loucura está livre, sem correntes, mas em um espaço mais fechado e restrito. Ela é liberada de seu parentesco com o mal e o crime, mas fica aprisionada aos mecanismos do instinto e do desejo, assim como a vontade do louco é alienada e se apresenta submetida à do médico. A loucura, então, rompe o silêncio em que havia mergulhado durante a Época Clássica, volta a falar aos ouvidos dessas figuras nas quais a ordem social se disfarça de médico, como as de Tuke e Pinel, para encontrar, nos mecanismos do desejo e nos determinismos do corpo, o ponto de inserção da culpabilidade. A partir desse momento,

> a loucura deixou de ser considerada um fenômeno global que afetava ao mesmo tempo, através da imaginação e do delírio, o corpo e a alma. No novo mundo asilar, nesse mundo do castigo moral, a loucura se converte em um fato que afeta essencialmente a alma humana, sua culpabilidade e sua liberdade. De agora em diante, inscreve-se na dimensão da interioridade e, pela primeira vez no mundo ocidental, receberá estatuto, estrutura e significação psicológicos (Foucault, 1997b, p. 86; *p. 83*).

As conclusões às quais Foucault chega em *História da loucura* não dizem respeito apenas à psiquiatria, mas também a todo o campo dos saberes psi. Com efeito, Freud – sustenta Foucault – "deslocou para o médico todas as estruturas que Pinel e Tuke haviam acomodado na internação", "o médico como figura alienante continua sendo a chave da psicanálise" (Foucault, 1997b, p. 86; *p. 83*).

❖❖❖

Em 1972, aparece a segunda edição de *História da loucura* com poucas modificações, dessa vez publicada pela Gallimard. O que mais chama atenção nessa edição não é o novo prefácio, mas a supressão do anterior, de 1961, que deixava supor a existência de um grau zero da loucura, de uma loucura em estado puro, sem relação com as instituições ou os saberes.[14] Mas esse não é o único

---

[14] Uma nota de *A arqueologia do saber*, publicada poucos anos antes, adiantava-nos os motivos. Depois de defender que sua preocupação não havia sido a de reconstruir o que é a loucura em si, tal como poderia se oferecer a uma experiência primitiva, essa nota esclarece: "Isso foi escrito contra um tema explícito em *História*

motivo da supressão. O outro, tão relevante quanto o que acabamos de mencionar, refere-se a um conceito do qual nos servimos, seguindo o próprio Foucault, para dar conta do desenvolvimento desta obra: o conceito de experiência. À distância, Foucault considera que as práticas e os discursos não constituem propriamente uma experiência (Foucault, 1994, v. II, p. 207; *v. IV, p. 34*). Efetivamente, se por experiência entendemos o que pode ser produzido a partir da relação entre um sujeito e um objeto, as práticas e os discursos não são experiências, uma vez que são eles que tornam possíveis os sujeitos e os objetos.

Em 1973, o desenvolvimento da psiquiatria no século XIX constitui o tema das aulas de Foucault no Collège de France. Esse curso, *O poder psiquiátrico*, publicado em 2003, pode ser considerado como continuação e segundo volume de *História da loucura*, mas com uma série de deslocamentos e correções. Assim, em lugar de pôr foco, como faz em *História da loucura*, nas suas representações, Foucault analisa agora os dispositivos do poder disciplinar como produtores de enunciados psiquiátricos. Também as noções de violência física e instituição perdem a força e a especificidade que tinham na tese de doutorado de 1961. Por um lado, defende Foucault, todo poder é de alguma maneira físico, e, por outro, o uso da violência não exclui necessariamente que se trate de uma tática calculada. Um terceiro deslocamento, que constitui uma das maiores correções à análise de *História da loucura*, diz respeito à noção de família. Foucault modifica, com efeito, a cronologia do nexo entre asilo e família a partir do qual, em *História da loucura*, havia descrito as figuras ambivalentes de Tuke e Pinel como médicos e, ao mesmo tempo, pais. Agora, diferentemente, sustenta que é

---

da loucura, e presente repetidas vezes, de maneira especial no 'Prefácio'" (Foucault, 1984a, p. 64; *p. 53*).

necessário situar esse nexo muito mais tarde no decorrer do século XIX (Foucault, 2003, p. 14-17; *p. 17-21*). O surgimento das práticas psiquiátricas já não se explica, então, nem pela influência do poder estatal nem pela reprodução do modelo familiar, mas pela constituição de uma forma específica de poder, nem estatal nem familiar: o poder disciplinar, cujos mecanismos serão descritos, sobretudo, em *Vigiar e punir*.

Retorno a Kant

Em 1959, ano em que morre seu pai, Foucault assume a direção do Instituto Francês de Hamburgo, na Alemanha, onde prepara sua tese secundária de doutorado em dois volumes. O segundo, que inclui a tradução ao francês do texto de Kant *Antropologia do ponto de vista pragmático* (1798), foi publicado em 1964; o primeiro apareceu bem mais tarde, apenas em 2008. No primeiro volume, uma extensa introdução ao texto de Kant traduzida ao espanhol como *Una lectura de Kant*, Foucault se ocupa do lugar e do significado da antropologia no pensamento kantiano e contemporâneo. Retoma, desse modo, as análises que conhecemos agora com a publicação de *A questão antropológica*.

Nessa introdução, a primeira parte trata do longo processo de formação do texto kantiano. Depois, Foucault estuda a relação da *Antropologia* kantiana com as obras do filósofo pertencentes ao chamado período pré-crítico (anteriores a 1781, ano em que aparece a *Crítica da razão pura*) e com seus últimos trabalhos, nos quais busca desenvolver sua filosofia transcendental. Em seguida, Foucault se ocupa das relações da *Antropologia* com as obras do período crítico, que se enquadra cronologicamente entre os dois períodos anteriores, o pré-crítico e o transcendental.

A estratégia argumentativa de Foucault consiste em mostrar, em primeiro lugar, as diferenças entre as posições de Kant no período pré-crítico e no período transcendental a propósito da ideia de antropologia. Em termos gerais, natureza e mundo podem definir essas diferenças. No período pré-crítico, o conhecimento do homem aparece ligado ao conhecimento da natureza e, em especial, da geografia; no período transcendental, em vez disso, ao conhecimento do mundo propriamente humano. O homem, que no período pré-crítico era abordado da perspectiva da natureza, na filosofia transcendental é considerado do ponto de vista do espírito e de seu poder sobre o corpo. Se o homem é o jogo da natureza, esse jogo torna-se, finalmente, o jogo que ele joga. E, portanto, um jogo já não apenas natural, mas também artificial e livre (Foucault, 2008a, p. 33). Estabelecidas as diferenças entre o período pré-crítico e o transcendental em relação à noção de antropologia, Foucault passa a se ocupar da relação entre antropologia e crítica, que já dominava, como vimos, as páginas dedicadas a Kant em *A questão antropológica*. Esse retorno a Kant conclui com uma reflexão sobre o "contrassentido" e as "ilusões" da herança kantiana (Foucault, 2008a, p. 76), e, na mesma direção de *A questão antropológica*, remetendo-se a Nietzsche, para anunciar a dissolução de toda antropologia ou, como dirá mais tarde, a morte do homem.

Embora ambos os escritos conduzam a Nietzsche e a suas projeções no pensamento contemporâneo, o percurso através de Kant não se desdobra exatamente nos mesmos termos. Com efeito, enquanto, em *A questão antropológica*, a argumentação era centrada na relação entre crítica e antropologia, em sua tese sobre Kant, o panorama é mais complexo, pois somam-se os desenvolvimentos da filosofia transcendental, na qual Kant trabalhou em seus últimos anos. A partir das relações entre esses três elementos (antropologia, crítica e filosofia transcendental), Foucault aponta que todo projeto antropológico se apoia, definitivamente, em uma confusão sustentada (Foucault,

2008a, p. 67) e em um persistente desequilíbrio entre o *originário* que a antropologia persegue descobrir no homem, o *a priori* das críticas, e o *fundamental* (a relação entre verdade e liberdade) da filosofia transcendental.

❖❖❖

Mais tarde, em *As palavras e as coisas*, para se referir a essa figura confusa e instável de toda antropologia, Foucault falará de "analítica da finitude" (Foucault, 1986a, p. 323; *p. 430*). Com efeito, a antropologia, definitivamente, propõe-se pensar a finitude do homem (suas formas negativas, como a doença e a morte, mas também positivas, como o que conhece e faz) a partir da própria finitude do homem, sem recorrer a Deus nem a qualquer outra forma de absoluto. O desafio e a tarefa nos quais, a partir de Kant, o pensamento ocidental embarcou – essa nova relação do homem consigo mesmo que se instaura ao final do século XVIII e à qual Foucault alude nos últimos capítulos de *História da loucura* – consistem, precisamente, em tentar encontrar no próprio homem o fundamento do homem. Mas, diferentemente do que acontece nas ciências naturais, na analítica da finitude não nos deparamos com a regularidade que define a natureza; em seu lugar, afloram a negatividade e os limites que caracterizam o homem e que, segundo a expressão de Foucault, não deixam de "apontar com o dedo a ausência de Deus" e "o vazio deixado por este infinito" (Foucault, 2008a, p. 75-76).

Para Foucault, definitivamente, a partir de sua leitura da *Antropologia*, de Kant, a problemática do conhecimento do homem deixa de ser uma questão fundamentalmente metodológica ou epistemológica. Já não se trata das dificuldades com as quais se depara toda tentativa de aplicar os métodos e conceitos das ciências naturais ao homem como objeto de estudo. Agora, a tarefa será apreender as condições que tornaram possível o desenho dessa figura, nem divina nem simplesmente natural, que chamamos homem. A questão já não será, então, perguntar-se sobre a origem do homem (sobre sua essência, natural ou histórica, alienada na doença ou reconciliada pelas vias do existencialismo), mas sim pela origem dessa pergunta, isto é, pela questão antropológica.

❖❖❖

No pensamento de Foucault, porém, a crítica da antropologia não implica um abandono de Kant. Ao contrário. Para citar um exemplo, seu penúltimo curso no Collège de France começa, justamente, com uma longa lição sobre a resposta de Kant à pergunta pelo Iluminismo (Foucault, 2008b, p. 3-22; *p. 3-39*). Dessa perspectiva, pode-se dizer que a leitura de Kant abre e fecha o pensamento de Foucault. Abre-o, como acabamos de ver, ao converter a problemática das ciências humanas em um diagnóstico da cultura contemporânea (da filosofia, da literatura e dos saberes de nossa época) e fecha-o, como veremos, ao lhe permitir elaborar a partir de Kant uma interpretação da Modernidade despojada de todo humanismo, isto é, sem pressupor nenhuma definição do que o homem é ou deveria ser.

Por isso, não surpreende que o artigo autobiográfico, que escreveu sob o pseudônimo de Maurice Florence, comece dizendo: "Se Foucault se inscreve na tradição filosófica, é na tradição crítica de Kant" (Foucault, 1994, v. IV, p. 631; *v. V, p. 234*).

Capítulo 3
A linguagem da literatura e a arqueologia dos saberes

Na década de 1960, não só a loucura, mas também a linguagem torna-se uma questão dominante no pensamento foucaultiano. Por um lado, aparece uma preocupação pela linguagem da literatura moderna, que não fala nem do sujeito nem do mundo, mas de si mesma, do ser da linguagem. *Por outro, a linguagem é abordada como* discurso, *isto é, como o conjunto dos enunciados que constituem os saberes desde a época do Renascimento até a Modernidade. Foucault se concebe, precisamente, como um arqueólogo do discurso dos saberes e descreve quais foram as regras históricas que tornaram possível dizer o que efetivamente se disse. Ocupando-se da linguagem da literatura e da arqueologia dos saberes, Foucault nos conduz a um mesmo lugar: aquele no qual o homem e o sujeito moderno se perdem e se dissolvem, "como um rosto de areia à beira-mar". Mas o arqueólogo não pode deixar de se interrogar sobre o estatuto da filosofia na época da morte do homem.*

> *O modo de utilizar a linguagem em uma cultura e em um momento dados está intimamente ligado a todas as outras formas de pensamento.*
> Foucault, 1994, v. I, p. 543; *v. VII, p. 155.*

Segundo Foucault, o ano 1945, quando Sartre pronuncia sua célebre conferência "O existencialismo é um humanismo", pode ser tomado como o início de uma época de efervescência política empenhada na reconstrução do país e da sociedade. Após a Guerra da Argélia (1954-1962), contudo, deparamo-nos com um período de "seca política" na França, assim como de desinteresse por parte dos intelectuais. Nesses anos houve, no entanto, uma notável proliferação teórica: no campo da linguística, com os discípulos de Saussure; no da etnologia e da antropologia, em torno da figura de Claude Lévi-Strauss; e no campo da psicanálise, circundando Jacques Lacan. Afora as diferenças, todos eles têm sido considerados representantes da corrente estruturalista, cujo "umbral de notoriedade", também segundo nosso autor, pode ser situado em 1967 (Foucault, 1994, v. I, p. 582; *v. II, p. 58*).

Nos escritos foucaultianos dessa época, encontramos algumas teses (a primazia do sistema linguístico ou o desaparecimento do sujeito), estilos de análise (descrições sincrônicas) e vocabulário (código, estrutura) que motivaram sua classificação dentro da corrente estruturalista. De fato, *As palavras e as coisas* foi considerado como um dos produtos mais notáveis e paradigmáticos do estruturalismo. Na reedição de *O nascimento da clínica*, Foucault ocupou-se de aliviar o vocabulário marcadamente estruturalista que havia utilizado antes. Mas, como veremos, esses trabalhos não podem ser definidos pela aplicação de um método estrutural, previamente definido, à história da medicina clínica ou à formação das ciências humanas. Foucault busca, na verdade, definir sua própria metodologia de trabalho, que pouco a pouco tomará distância dos procedimentos e do vocabulário estruturalistas.

Após cinco anos no exterior, entre 1955 e 1960, Foucault volta a se instalar na França. É professor titular de Psicologia na Universidade de Clermont-Ferrand, em torno de 350 quilômetros ao sul de Paris, e empreende numerosos projetos editoriais. Alguns deles, como um livro sobre a história da histeria e outro a respeito da ideia de decadência, não chegaram a se concretizar. Duas linhas de trabalho caracterizam esse período compreendido entre o regresso à França, em 1960, e a partida à África, em 1966, ou, em termos bibliográficos, entre a aparição de *História da loucura* e a publicação de *As palavras e as coisas*: o interesse pela literatura e a elaboração da arqueologia dos saberes. Ambas as linhas aparecem fortemente entrelaçadas, pois, segundo se afirma nos parágrafos finais de *O nascimento da clínica*, "as figuras do saber e as da linguagem obedecem a uma mesma lei profunda" (Foucault, 1988a, p. 202; *p. 229*).

Loucura e literatura

Junto à noção de experiência, a linguagem é um dos eixos narrativos de *A história da loucura*. Há uma linguagem da loucura e sobre a loucura, e também uma falta de linguagem, um silêncio da loucura. Segundo Foucault, na linguagem da loucura e na da literatura encontramos uma estrutura simétrica; tal como ocorre com um sintoma histérico, ambas as linguagens são mensagens que contêm em si mesmas o código que permite decifrá-las (Foucault, 1994, v. I, p. 443; *v. I, p. 203*). Por um lado, para poder determinar seu sentido, é necessário reconhecer os signos; mas, por outro, para poder identificá-los, é preciso conhecer seu sentido. Desse modo, a semiologia (a identificação dos signos) e a exegese (a determinação de seu sentido) definitivamente terminam se sobrepondo.

Para nosso autor, podemos falar de literatura no sentido moderno do termo quando essa linguagem, na qual semiologia e exegese se sobrepõem, deixa de estar subordinada tanto aos objetos quanto ao sujeito; quando sua função já não consiste em nomear as coisas do mundo exterior ou em expressar as ideias ou os sentimentos do mundo interior, mas em falar de si mesma, em remeter a si mesma. A literatura moderna existe apenas na rede dos livros já escritos (Foucault, 1994, v. I, p. 279, 298; *v. III, p. 67, 81*), é "o lugar em que os livros são retomados e consumidos" (Foucault, 1994, v. I, p. 261; *v. III, p. 59*). Nas obras de Mallarmé, Michel Leiris, Maurice Blanchot, Antonin Artaud, Raymond Roussel ou Jorge Luis Borges, entre outros, a linguagem funciona precisamente desse modo. Um exemplo paradigmático é "A Biblioteca de Babel", de Borges (Foucault, 1994, v. I, p. 260; *v. III, p. 58*). Ela contém tudo o que pode ser dito, com sentido e sem ele, com coerência e sem ela, e até em linguagens desconhecidas ou inexistentes; mas tudo isso existe unicamente na linguagem, que, de algum modo, está acima não só de tudo o que foi dito, mas também daquilo que pode sê-lo. Essa biblioteca inclui ambos de maneira soberana na palavra do último bibliotecário diante do abismo da morte.

Nas obras de alguns desses autores, como Nietzsche, Artaud e Roussel, Foucault vê, ainda, um retorno da experiência da loucura, depois do silêncio clássico e da colonização de sua palavra por parte do saber médico. Roussel, o único autor ao qual Foucault dedicou em vida um livro inteiro (com título homônimo, em 1963),[15] submete a linguagem a um jogo incessante de desdobramentos e combinações através dos quais se retoma sempre algo que já foi dito. A literatura existe, desse modo, nos interstícios das obras; ela não é obra, mas, como a loucura, ausência de obra (Foucault, 1999a, p. 662), e suas figuras – como o desejo em Sade, a força em Nietzsche, a transgressão em Bataille ou a atração em Blanchot – dão conta dos

---

[15] *Pensamento do fora* é também um texto inteiramente dedicado a um autor, Maurice Blanchot; mas, embora esse trabalho exista atualmente em forma de livro, foi originalmente uma colaboração na revista *Critique*.

contemporâneos morte de Deus e desaparecimento do sujeito (Foucault, 1994, v. I, p. 525; *v. III, p. 227*).

No "Prefácio" de *As palavras e as coisas*, Foucault comenta, a partir de Roussel, o texto "O idioma analítico de John Wilkins", de Borges, e sustenta que o que está em jogo na literatura moderna é a relação da linguagem com o espaço (Foucault, 1986c, p. 9; *p. 11*). Na classificação dos animais da enciclopédia chinesa citada por Borges, a linguagem se converte no lugar daquilo que não tem outro lugar.[16] Desse modo, a literatura moderna constrói sobretudo heterotopias: não se trata, na realidade, de utopias, "porque haveria que reservar esse nome ao que não tem verdadeiramente nenhum lugar", mas de "espaços completamente diferentes", de "contraespaços" (Foucault, 2009b, p. 24-25; *p. 20-21*).[17]

O olhar médico

Foram necessários quatro ou cinco mil anos de medicina no Ocidente para que surgisse a ideia de buscar a causa da doença na lesão de um cadáver.
Foucault, 1994, v. II, p. 490; *v. IV, p. 107*.

---

[16] A classificação consiste em: "(a) pertencentes ao imperador, (b) embalsamados, (c) domesticados, (d) leitões, (e) sereias, (f) fabulosos, (g) cães, (h) incluídos na presente classificação, (i) que se agitam como loucos, (j) inumeráveis, (k) desenhados com um pincel finíssimo de pelo de camelo, (l) etc., (m) que acabam de romper uma bilha, (n) que de longe parecem moscas" (Borges, 1974, p. 708; *p. 124*).

[17] Em 21 de dezembro de 1966, na rádio France Culture, Foucault pronuncia uma conferência intitulada "As heterotopias". Existe uma versão abreviada na compilação *Dits et écrits*, intitulada "Espaços diferentes" (Foucault, 1994, v. IV, p. 752-762; *v. III, p. 411-422*). Em 2009, foi publicada a versão completa (Foucault, 2009b, p. 23-36; *p. 19-30*).

Junto à literatura, a arqueologia dos discursos científicos ocupa os interesses de Foucault durante a primeira metade da década de 1960. Em 1963, é publicado *O nascimento da clínica*, com o subtítulo *Uma arqueologia do olhar médico*. Mas o termo "arqueologia" não é retomado no restante do livro. Algo semelhante acontecia em *História da loucura*, onde encontramos o termo no prefácio da primeira edição, no qual Foucault fala de "a arqueologia de um silêncio", e apenas umas poucas vezes ao longo do livro. A partir de 1966, com *As palavras e as coisas*, com o subtítulo *Uma arqueologia das ciências humanas*, "arqueologia" se torna um termo habitual no vocabulário foucaultiano. Embora com o tempo Foucault tenha reunido sob a denominação de arqueológicas essas três obras, não se trata da mesma arqueologia. Com efeito, *As palavras e as coisas* move-se, segundo expressão do próprio Foucault, em uma dimensão horizontal, ou seja, sempre dentro do âmbito dos discursos. Já *História da loucura* e *O nascimento da clínica* transitam em uma dimensão vertical que atravessa tanto o discursivo quanto o não discursivo (as instituições, as relações sociais, as instâncias administrativas etc.). Por isso, na arqueologia da clínica, essa verticalidade remete a uma reorganização simultânea das maneiras, individuais e sociais, de perceber, de falar e de se comportar em relação à doença.

Precisamente por esse motivo, a expressão "olhar médico", que completa o subtítulo dessa obra de 1963, revela-se pouco feliz (Foucault, 1984a, p. 74; *p. 61*), pois pode remeter à instância unificadora de um sujeito, quando o que está verdadeiramente em questão, em vez disso, é a maneira como um discurso científico pode ser delineado e constituído em instâncias dispersas e heterogêneas entre si. A medicina clínica não é apenas um conjunto de descrições médicas, mas também uma série de prescrições políticas, econômicas e pedagógicas (Foucault, 1994, v. I, 713; *v. II, p. 100*).

❖❖❖

 O nascimento da clínica aborda um breve período da história da medicina, entre o final do século XVIII e o início do XIX, durante o qual ganhou forma uma medicina centrada no indivíduo. Desse modo, a medicina clínica veio desafiar aquela velha afirmação de Aristóteles sobre a impossibilidade de um discurso científico sobre o individual (Foucault, 1988a, p. x; *p. xiii*). Para isso, foi necessário que se estabelecesse uma nova relação entre a doença, por um lado, e o espaço, a linguagem e a morte, por outro.

 No contexto da oposição entre a denominada medicina das espécies, que considerava as enfermidades como essências morbosas que invadiam o corpo dos indivíduos, e a medicina das epidemias, que as concebia como fenômenos globais e grupais, nas duas últimas décadas do século XVIII, é promovida uma reformulação geral da espacialidade das enfermidades. Em um processo que começa pouco antes da Revolução e continua com mais força a partir dela, sobretudo com as ideias e os projetos do filósofo e médico Pierre Cabanis, vemos uma série de mudanças: a criação da Sociedade Real de Medicina (1776), cuja finalidade era controlar as epidemias; o surgimento, mais tarde, das escolas de saúde, fora do âmbito universitário; a municipalização dos hospitais, confiados agora à direção de um médico; a supressão das corporações e a regulamentação do ensino da medicina e do exercício da profissão. Foucault destaca que alguns aspectos dessas transformações foram decisivos para a formação da medicina clínica. A estatização da medicina regulamenta a profissão médica e seu exercício; os hospitais adquirem novas funções – convertem-se em lugar de formação de futuros médicos por meio de práticas e experimentações (por exemplo, testes químicos ou dissecções anatômicas que contrastam com a educação livresca das universidades) –

e, na ordem das prioridades, a tarefa de curar cede seu lugar à preocupação com a saúde.

No que diz respeito à relação da enfermidade com a linguagem, a medicina clínica pretendia, pelo menos em suas primeiras formas, uma correspondência completa entre o ver e o dizer. Apenas assim era possível passar da casuística hospitalar ao estabelecimento de constantes gerais reconhecíveis e calculáveis. Para isso, foi necessário modificar o estatuto epistemológico do signo e do caso no campo da medicina. De acordo com a análise de Foucault, a lógica de Condillac serviu de modelo para essa nova concepção do signo, e o cálculo de Laplace, para elaborar a nova estrutura probabilística do caso. Essa pretensão representa, porém, apenas um momento de transição em um processo muito mais amplo, no qual a medicina clínica, organizada em um primeiro momento como uma medicina dos sintomas, terminou orientando-se, com a anatomia patológica, para uma medicina dos órgãos.

No oitavo capítulo de *O nascimento da clínica*, dedicado a Marie François Xavier Bichat e a sua reformulação da anatomopatologia, extraem-se algumas das conclusões filosóficas mais relevantes desse trabalho. Com a anatomopatologia, com efeito, abre-se à linguagem uma nova visibilidade: nos cadáveres dissecados lê-se agora a temporalidade da morte. As relações entre a vida, a enfermidade e a morte invertem-se: esta última torna-se a condição de possibilidade da doença e do conhecimento da vida. Por um lado, não morremos porque adoecemos, e sim adoecemos porque podemos morrer, porque a vida está exposta à morte. Por outro lado, nos cadáveres dissecados, esse tempo da morte revela a verdade da vida. Por isso – defende Foucault –, o vitalismo frequentemente atribuído a Bichat repousa, no fundo, sobre a condição mortal, sobre o "mortalismo" (Foucault, 1988a, p. 147-148; *p. 165-166*).

Na descrição de Foucault, a formação da medicina clínica percorreu um caminho que começa com a medicina das espécies, passa pela medicina das epidemias e chega à anatomopatologia. O último passo para a reorganização do olhar médico será a denominada "medicina das febres", que permitirá, com o desenvolvimento da fisiologia, estabelecer um nexo entre a anatomia patológica e a análise dos sintomas.

❖ ❖ ❖

O nascimento da clínica, cujas linhas gerais esboçamos, permite diversas leituras: pode ser considerado um capítulo na história da medicina moderna, um ensaio metodológico no campo da história das ideias ou um livro político (Foucault, 1994, v. II, p. 524). Além disso, também uma investigação sobre o significado filosófico da medicina e de sua importância na constituição das ciências humanas. Efetivamente, Foucault defende que, "mais que nenhuma outra" ciência do homem, a medicina "está próxima da disposição antropológica que sustenta todas elas" (Foucault, 1988a, p. 201; *p. 228*), porque mostra em seu próprio âmbito que, para que o homem possa ser ao mesmo tempo sujeito e objeto de seu próprio conhecimento, foi necessário remeter a finitude da vida à finitude da morte. Na temporalidade dos cadáveres dissecados, o homem descobre a verdade sobre a temporalidade da vida. A finitude da vida já não aparece, então, em relação com o infinito, mas com seu próprio limite. Por isso, não é a salvação o que está em jogo, mas, estritamente falando, a saúde. Desse modo, a medicina não faz mais que anunciar ao homem este limite extremo e definitivamente inevitável: sua morte. Mas, nessa negatividade da morte, ela encontrou a possibilidade de uma conjuração transitória.

Nesse ponto, cabe abrir um breve parêntese para destacar que aproximadamente 10 anos mais tarde, em 1974, Foucault volta à história da medicina em uma série de conferências proferidas no Rio de Janeiro. Na segunda, intitulada "O nascimento da medicina social", utiliza pela primeira vez o termo "biopolítica" para se referir, no contexto da história política moderna, ao momento em que o Estado se encarrega do governo da vida biológica da população. Buscar retrospectivamente as análises biopolíticas de Foucault no *Nascimento da clínica* é, sem dúvida, tentador. De fato, nessa conferência a reorganização da medicina na França ao final do século XVIII aparece como uma das etapas no caminho que conduziu à biopolítica, entre a medicina de Estado, na Alemanha, e a medicina do trabalho, na Inglaterra. Além dos pontos de contato que certamente podemos estabelecer entre as análises de *O nascimento da clínica* e os desenvolvimentos biopolíticos posteriores, é preciso considerar que, na obra de 1963, a questão da medicina é abordada, sobretudo, em relação a essa analítica da finitude que Foucault já esboçara em seus escritos sobre Kant e que aprofundará em seguida em *As palavras e as coisas* – enquanto, como veremos no próximo capítulo, as análises biopolíticas se situarão em uma perspectiva diferente, e o lugar da analítica da finitude será ocupado pelo conceito de população.

Uma arqueologia dos saberes

> *O subtítulo de* As palavras e as coisas *não é a arqueologia, mas uma arqueologia das ciências humanas.*
> Foucault, 1994, v. III, p. 29; *v. IV, p. 177.*

As palavras e as coisas foi publicado em abril de 1966, com uma tiragem de 3.500 exemplares. Em junho foi necessário reimprimir outros 5 mil, assim como mais 3 mil em julho, e uma quantidade similar em setembro... (Eribon, 1989, p. 183; *p. 160*). Nem o título nem o subtítulo pensados originariamente por Foucault foram conservados na edição em francês e, depois, em espanhol. *As palavras e as coisas*. *Uma arqueologia das ciências humanas* poderia ter sido intitulado *A ordem das coisas. Uma arqueologia do estruturalismo*. Retomando uma caracterização do próprio Foucault, se em *História da loucura* e *O nascimento da clínica* a descrição arqueológica se desenvolve em uma dimensão vertical que engloba o discursivo e o não discursivo, em *As palavras e as coisas* essa descrição é horizontal, na medida em que se circunscreve ao âmbito dos discursos. Para falar, precisamente, dessa disposição horizontal que rege os discursos de cada época, Foucault lança mão do termo "episteme".

Em todas as culturas, sustenta ele, existe uma "experiência nua" da ordem (Foucault, 1986c, p. 13; *p. xviii*). Na classificação da enciclopédia chinesa de Borges, na qual se situa o lugar de nascimento de *As palavras e as coisas*, há, por exemplo, uma experiência da ordem que não é a nossa e que por isso nos resulta impossível de pensar. Essa impossibilidade, porém, não diz respeito nem à linguagem nem aos conteúdos empíricos, pois a cada uma das categorias que compõem a classificação podemos de fato atribuir um conteúdo preciso. O que nos resulta impossível de pensar é o espaço comum que tornaria coerente situá-las uma ao lado da outra, e ordená-las alfabeticamente.

A episteme, a experiência nua da ordem ou, segundo outra expressão utilizada também por Foucault, os "códigos fundamentais de uma cultura" (Foucault, 1986c, p. 11; *p. xvi*) ocupam um lugar intermediário entre as palavras e as coisas; entre, por um lado, o modo como falamos delas e as pensamos e, por outro, a maneira como as percebemos e como estão dispostas entre si. É justamente a essa região intermediária que se dirige a arqueologia, para encontrar ali seu *a priori* histórico, as condições de possibilidade dos saberes de uma determinada época.

A arqueologia da razão ocidental nos mostra, segundo Foucault, duas grandes descontinuidades: a que em meados do século XVII separa o Renascimento da Época Clássica e a que, no início do XIX, assinala o umbral de "nossa Modernidade" (Foucault, 1986c, p. 13; *p. xix*). Em *As palavras e as coisas*, para cada uma das épocas — cuja periodização coincide com a da *História da loucura* —, Foucault descreve uma tríade de saberes. Assim, para a Época Clássica, ocupa-se da gramática geral, da análise das riquezas e da história natural, e, para a Modernidade, da filologia, da economia política e da biologia. Junto à descrição desses saberes, Foucault aborda também a configuração filosófica que lhes é contemporânea e, finalmente, no espaço delimitado pelos saberes da Modernidade e sua correlativa figura filosófica, o lugar que ocupam as ciências humanas.

❖❖❖

Na história das ciências ou das ideias, os saberes que Foucault leva em consideração não tiveram o privilégio de servir como modelos de cientificidade, função que foi reservada, por exemplo, à física moderna. Essa revalorização de "domínios relativamente esquecidos", cujas formas de conhecimento são "menos dedutivas e muito mais dependentes dos processos externos", retoma o pensamento de Georges Canguilhem (Foucault, 1994, v. III, p. 434; *v. VII, p. 431*). Desse autor, que fora orientador de sua tese principal de doutorado, retoma também a ideia de descontinuidade, para abordar a relação que pode ser estabelecida entre os saberes; por exemplo, entre a gramática geral e a filologia ou entre a história natural e a biologia. Essa relação não implica nenhuma forma de superação, na qual o conhecimento é aprimorado, eliminando-se o erro e fazendo uma aproximação à verdade, mas cortes e rupturas. A filologia não é uma forma da gramática geral mais elaborada, nem a biologia, uma versão melhorada da história natural. Na realidade, elas respondem a epistemes diferentes. Além de tomar como referência saberes historicamente menos paradigmáticos e introduzir a descontinuidade, outro dos aspectos característicos da descrição arqueológica reside em que as posições ou teorias que em uma mesma época aparecem como opostas (por exemplo, mecanicismo e vitalismo no século XVIII ou Ricardo e Marx no XIX) foram possíveis, de fato, a partir das próprias condições epistêmicas.

Desse modo, por meio da descrição arqueológica, Foucault inverte uma determinada imagem histórica da racionalidade, característica de grande parte da historiografia moderna. Onde se costumava afirmar o progresso contínuo da razão introduzem-se cortes e rupturas; e, vice-versa, onde se costumava ver o trabalho da contradição é posta de modo manifesto, com respeito às suas condições históricas, uma mesma disposição epistêmica.

❖❖❖

Alguns anos antes de *As palavras e as coisas*, em 1962, o filósofo e historiador das ciências estadunidense Thomas Kuhn havia publicado uma obra que foi um marco no campo da epistemologia, *A estrutura das revoluções científicas*. Ali, Kuhn introduzia a noção de paradigma e também a ideia de descontinuidade no desenvolvimento histórico do conhecimento científico. Foucault afirma ter lido esse livro apenas um ano após sua publicação, entre 1963 e 1964, depois de concluir a redação de *As palavras e as coisas* (Foucault, 1994, v. II, p. 239-240); por isso, nunca o cita nesse trabalho. Em todo caso, além da ideia de descontinuidade compartilhada por ambas as noções,[18]

---

[18] A noção de descontinuidade, por outro lado, não é uma novidade introduzida por Kuhn. Podemos encontrá-la, anteriormente, nas

entre a de episteme e a de paradigma existem diferenças de peso. A episteme não descreve, como o paradigma, a ciência normal. Kuhn explica como e por que mudam os paradigmas; para isso se serve, como aponta o título de seu trabalho, do conceito de revolução. No caso de Foucault, essa questão é diferida no tempo, deslocada para frente, ou remetida ao registro da linguagem, a um lugar que não é o dos discursos científicos, mas o do próprio ser da linguagem. Foucault, efetivamente, ocupa-se somente de descrever como funciona cada episteme, de "percorrer os acontecimentos segundo sua disposição manifesta" (Foucault, 1986c, p. 230; *p. 298*), mas não nos diz como se passa de uma a outra ou por que há diferentes epistemes. E quando afrontar finalmente essa problemática, como veremos, a noção de episteme já não ocupará o lugar que tem em *As palavras e as coisas*.

❖❖❖

Em cada época, portanto, encontramos essa experiência nua da ordem que rege a disposição das palavras e das coisas. Para a episteme do Renascimento, essa experiência é a da semelhança, com suas diferentes figuras: a conveniência, a semelhança ligada à proximidade no espaço; a emulação, a semelhança à distância; a analogia, a semelhança entre as relações; e a simpatia, o jogo do semelhante independente da espacialidade e das proporções. Assim, por exemplo, em razão da similitude entre suas formas, a noz é considerada boa para o cérebro. Mas também a linguagem das coisas, as marcas ou assinaturas que nos revelam suas semelhanças, segue o jogo do semelhante. As linhas da mão, por exemplo, mantêm uma proporção com os acontecimentos da vida e, por

---

investigações de três autores que tiveram influência em Foucault: Alexandre Koyré, Gaston Bachelard e Georges Canguilhem.

isso, podem revelar-nos o destino. Isso é possível, por sua vez, porque, entre o corpo e o firmamento, existe uma estreita simpatia. Na episteme renascentista, nas obras de Ulisse Aldrovandi, Paracelso ou Tommaso Campanella, deparamo-nos finalmente com dois universos de semelhanças, o das coisas e o das assinaturas. Dava-se o nome de *divinatio* à descoberta da semelhança entre as primeiras; e de *eruditio*, entre as segundas.

Assim como, em *História da loucura*, a livre circulação dos loucos, cujas naus percorriam os rios da Europa, foi interrompida pela introdução da prática da reclusão, em *As palavras e as coisas*, o livre jogo da semelhança que caracteriza a episteme renascentista detém-se diante da necessidade de ordenar nossas representações. Ironia foucaultiana. Em *História da loucura*, Descartes marcava o umbral de aparição da desrazão com suas *Meditações metafísicas*; em *As palavras e as coisas*, uma história da razão, o *Quixote* – "a primeira das obras modernas" (Foucault, 1986c, p. 62; *p. 67*) – assinala o momento em que a cultura do Renascimento chega ao seu limite. Dom Quixote representa a cultura renascentista, mas em negativo. Ele "não é o homem da extravagância, mas o peregrino meticuloso que se detém em todas as marcas da semelhança" (Foucault, 1986c, p. 60; *p. 63*) para demonstrar que os signos, seus livros de cavalaria, dizem a verdade.

Durante a primeira metade do século XVII, a linguagem rompe seu parentesco com as coisas, e as similitudes se convertem, então, na ocasião e na fonte do erro. Para o pensamento clássico – defende Foucault –, a semelhança deixa de ser "a experiência fundamental e a forma primeira do saber" (Foucault, 1986c, p. 66; *p. 71*) e se converte em uma mescla confusa de verdades e falsidades que é necessário analisar determinando identidades e estabelecendo diferenças. Surge, assim, a ideia de "uma ciência universal da medida e da ordem", uma *mathesis universalis*, que ocupa o lugar da *divinatio* e da *eruditio* (Foucault, 1986c, p. 70; *p. 77-78*). No nível da episteme, porém, existe um desequilíbrio entre as duas operações que definem os procedimentos dessa ciência geral da ordem, entre o medir (a comparação das quantidades em relação a um padrão exterior) e o ordenar (a comparação segundo o grau de simplicidade e complexidade, sem referência a um padrão exterior). Com efeito, medir é uma forma de ordenar, mas o inverso não é verdadeiro. Por isso, Foucault sustenta que o que define a disposição fundamental do saber na Época Clássica não é a possibilidade de medir, aplicando a matemática à natureza, mas a capacidade de ordenar. A Época Clássica é a época da ordem.

Para Foucault, o deslocamento da semelhança e a instauração da ordem foram possíveis porque a linguagem mudou de estatuto. No Renascimento, definitivamente, as palavras e as coisas compartilhavam uma mesma natureza, a da semelhança, e por isso comunicavam-se. Na Época Clássica, os signos já não são as marcas das coisas, mas sim as representações do pensamento. Nesse contexto, Foucault fala de discurso, em relação à Época Clássica, para se referir a essa possibilidade que a linguagem tem de representar articuladamente, em sua sucessão, a simultaneidade do pensamento. Toda a tarefa da Época Clássica se resume, definitivamente, no ideal de construir, por meio do discurso, o quadro ordenado das representações.

Entretanto, para constituir uma ciência geral da ordem, uma *mathesis universalis*, não é suficiente que o signo seja a representação sucessiva da simultaneidade do pensamento. Os signos devem representar também sua própria representatividade, indicando-nos de algum modo a que representação estão ligados. Compreende-se, então, porque, para a Época Clássica, o paradigma do signo não são propriamente as palavras ou as marcas, e sim as pinturas e os desenhos, como os que o filósofo inglês John Locke imaginava em seu projetado dicionário, para que ocupem o lugar das palavras que representam coisas. O desenho de uma casa nos representa a casa e, ao mesmo tempo, diz-nos que a representa. O poder do discurso clássico radica, então, nessa capacidade que tem a representação de representar a si mesma. Nesse mundo da representação duplicada, as palavras e as coisas encontram outro modo de se comunicar entre si.

Analisando as representações, decompondo as mais complexas para simplificá-las e determinando suas relações, a gramática geral busca estabelecer um quadro das formas verbais em relação à simultaneidade do pensamento. A história natural, por sua vez, dispõe o quadro ordenado dos seres vivos de acordo com a forma de seus elementos, sua quantidade, a maneira como se distribuem e suas dimensões relativas. E a análise das riquezas concebe a moeda como um instrumento representativo para ordenar, precisamente, as riquezas. Por isso, Foucault afirma, recapitulando, que a vocação profunda da linguagem clássica sempre foi a de construir quadros; "na Época Clássica, o discurso é essa necessidade translúcida através da qual passam a representação e os seres" (Foucault, 1986c, p. 322; *p. 428*).

As ciências humanas e a morte do homem

> *A única coisa que sabemos com certeza, de momento, é que jamais, na cultura, o ser do homem e o ser da linguagem puderam coexistir e articular-se mutuamente. Sua incompatibilidade foi um dos traços fundamentais do nosso pensamento.*
> Foucault, 1986c, p. 351; *p. 468.*

Ao final do século XVIII — sustenta Foucault —, a transparência desses quadros ordenados começa a se fazer opaca. Aparecem então a linguagem, a vida e o trabalho (Foucault, 1994, v. I, p. 501; *v. VII, p. 141*), estreitamente vinculados a um novo modo de ser da história, que deixa de ser apenas a memória do acontecido e se converte no modo de ser de tudo o que nos é dado na experiência. Assim, por exemplo, a teoria da flexão inverte as relações entre a raiz e as desinências das palavras. Aos gramáticos clássicos, as raízes permaneciam idênticas, e as desinências variavam; mas a comparação gramatical entre as línguas indica o contrário: as raízes mudaram de uma língua a outra, e as formas desinenciais permaneceram relativamente estáveis. Irrompe, assim, um mecanismo temporal constituído pelas relações entre os componentes desinenciais que carecem de funções representativas. No âmbito da teoria econômica, a moeda perde também esse valor representativo que lhe era atribuído na análise das riquezas. Para determinar o valor das coisas, já não basta estabelecer uma relação de representatividade entre as mercadorias que podem ser intercambiadas, é necessário considerar também o tempo de trabalho exigido para produzi-las. E, no âmbito dos seres vivos, a historicidade fará sua irrupção não apenas alterando o quadro clássico hierarquicamente ordenado dos seres vivos, mas também o tornando impossível. Com efeito, a anatomia comparada descobre que, em relação às funções vitais, não há uma graduação progressiva dos seres vivos. Eles se agrupam em núcleos de coerência perfeitamente diferentes que dependem da temporalidade de sua organização. Desse modo, aparecem essas "novas empiricidades" (Foucault, 1986c, p. 262; *p. 343*) da linguagem, a vida e o trabalho, que não existiam na Época Clássica, pois seu modo de ser não tinha lugar na episteme dos séculos XVII e XVIII. E, com elas, surgem então a filologia, a biologia e a economia política.

    Contemporaneamente, por parte da filosofia, no lugar de uma metafísica do infinito, deparamo-nos com a analítica da finitude. Não é que a Modernidade tenha inventado ou descoberto a finitude ou a contingência, e sim que houve uma mudança radical na maneira de concebê-la. Na Época Clássica, a finitude se manifestava sob a forma da limitação do infinito; na Modernidade, em vez disso, aparece a partir da relação consigo mesma. Por isso, a respeito da concepção de sujeito e de consciência, Foucault insiste na distância que separa a filosofia de Kant da de Descartes (Foucault, 1986c, p. 333 e ss.; *p. 444 e ss.*). Para assegurar o nexo entre as representações e o representado, Deus fazia sua inevitável aparição na interioridade indubitável da mente cartesiana. A filosofia clássica da representação e a metafísica do infinito são, nesse sentido, correlativas. Em Kant, em contrapartida, a finitude da consciência não busca a garantia de suas representações na figura divina do infinito, mas em si mesma. Em Kant, a consciência ou o sujeito cumprem uma função constituinte – transcendental, segundo o vocabulário kantiano – em relação às suas próprias representações. Desse modo, Foucault retoma os temas abordados em sua tese secundária de doutorado sobre a *Antropologia*, de Kant, e, antes, em *A questão antropológica*.

Junto aos saberes empíricos modernos (a biologia, a economia política e a filologia) e à analítica da finitude, as ciências formais e exatas constituem esse espaço dos saberes modernos que Foucault exemplifica com a figura de um triedro. Uma de suas dimensões é ocupada pelas ciências empíricas; outra, pela matemática e pelas ciências exatas; e a terceira, pela analítica filosófica da finitude. Na intersecção das ciências empíricas com as exatas, encontramos a aplicação dos modelos matemáticos aos fenômenos qualitativos da vida, o trabalho e a linguagem; na intersecção entre a matemática e a filosofia, todos os intentos dos formalismos modernos; e, finalmente, na intersecção entre as ciências empíricas e a filosofia, as ciências humanas.

Por um lado, as ciências empíricas forneceram às ciências humanas seus modelos constitutivos: a biologia, com os conceitos de função e norma; a economia política, com os de conflito e regra; e a filologia, com os de significação e sistema. Por outro, a analítica da finitude preparou o lugar onde as ciências humanas podem ir buscar o fundamento finito da finitude das empiricidades da vida, do trabalho e da linguagem: a subjetividade. Mas, ao projetar os conteúdos empíricos no campo da consciência, as ciências humanas acabaram repetindo nelas mesmas a instabilidade da própria analítica da finitude.[19] Desse modo, enquanto a categoria de significação mostra como a linguagem, esse objeto que a filologia estuda de maneira objetiva e empírica, pode oferecer-se à consciência, com a categoria de sistema, em vez disso, a significação aparece como uma realidade secundária e derivada. A categoria de conflito, por sua vez, mostra como as necessidades e os desejos podem ser representados na consciência dos indivíduos; mas a de regra, como eles se inscrevem, finalmente, em um jogo do qual os indivíduos que os experimentam não são conscientes. A categoria de função serve para representar a vida do ponto de vista da consciência; e a de norma, em contrapartida, para mostrar o que se lhe escapa à consciência.

Por isso, defende Foucault,

> o que explica a dificuldade das "ciências humanas", sua precariedade, sua vacilação como ciência, sua perigosa familiaridade com a filosofia, seu apoio mal definido nos outros domínios do saber, seu caráter sempre segundo e derivado, mas sua pretensão de universalidade, não é, como se diz frequentemente,

---

[19] Essa instabilidade da analítica da finitude é descrita por Foucault por meio de três oscilações: entre o empírico e o transcendental, entre o *cogito* e o impensado, e entre o retorno e o retrocesso da origem. Cada uma delas remete a uma figura da fenomenologia: respectivamente, Maurice Merleau-Ponty, Edmund Husserl e Martin Heidegger (Foucault, 1986c, p. 329-346; *p. 439-463*).

a extrema densidade de seu objeto nem o estatuto metafísico e a inapagável transcendência desse objeto homem do qual falam, e sim a complexidade da configuração epistemológica em que se encontram situadas, sua relação constante com as três dimensões que lhes dão seu espaço (Foucault, 1986c, p. 359; *p. 481*).

Se Kant ufanava-se de ter despertado o pensamento ocidental do sonho dogmático da Época Clássica, para Foucault, não foi o despertar, mas o início de outro sonho, nesse caso, antropológico (Foucault, 1986c, p. 351; *p. 470*).

❖ ❖ ❖

Com o surgimento da psicanálise e da etnologia, entretanto, modifica-se esse espaço no qual as ciências humanas haviam encontrado seu lugar. As figuras psicanalíticas da Morte, do Desejo e da Lei-linguagem (retomamos as maiúsculas utilizadas por Foucault) questionarão a configuração própria da analítica da finitude ou, em outros termos, essa função, ao mesmo tempo constitutiva e oscilante, do sujeito e da consciência. As ciências humanas já haviam se deparado com a dimensão do inconsciente, mas sem deixar de permanecer no espaço do representável para a consciência (as normas expressavam-se nas funções, os conflitos estavam carregados de regras e eram as significações que constituíam um sistema). Em contrapartida, nas figuras da Morte, do Desejo e da Lei-linguagem, mostra-se o fato nu de que há sistema, regra e norma (Foucault, 1986c, p. 386; *p. 518-519*). A Morte, o Desejo e a Lei situam-se, por isso, nos confins da representação, do lado de um inconsciente cuja realidade não requer a consciência. A etnologia, por sua vez, ameaça aquela outra dimensão do triedro moderno dos saberes no qual as ciências humanas haviam encontrado apoio, o da historicidade das empiricidades da vida, do trabalho e da linguagem. Ela nos mostra como estão organizados sincronicamente – em sua simultaneidade e não em seu devir – os modos de troca ou as relações de parentesco (Foucault, 1986c, p. 389; *p. 523-524*). Mas, avançando para uma dimensão ainda mais fundamental, a etnologia nos mostra as formas que podem ser assumidas pelo devir histórico de uma cultura, a partir da descrição sincrônica de suas estruturas. Definitivamente, a psicanálise e a etnologia desarticulam esse espaço no qual havia sido desenhada a figura do homem e se convertem, por isso, em "contraciências" humanas.

A questão da linguagem reaparece, então, com uma força que se lança sobre todo o campo de conhecimento do homem. Por um lado, com a ideia de uma linguística que dê à psicanálise e à etnologia um modelo formal. Por outro, porque, com esse modelo, oferece-se às próprias ciências humanas a possibilidade de formalizar seus conteúdos a partir deles mesmos, sem a necessidade de levar a cabo uma quantificação matemática ou estatística de seus resultados. E a questão da linguagem reaparece também, como assinalamos no início deste capítulo, na literatura moderna. Com Roussel, com Artaud, com Blanchot, com Bataille, entre outros, para quem já não importa quem fala, e sim a Palavra em si (Foucault, 1986c, p. 394; *p. 532*).

Da psicanálise à etnologia, da linguística à literatura, anuncia-se para nós, portanto, que o homem está em vias de desaparecer, que sua figura foi apenas um interstício entre o discurso clássico e o retorno da linguagem: "Alívio e profundo apaziguamento, o de pensar que o homem é apenas uma invenção recente, uma figura que não tem nem dois séculos, uma simples dobra no nosso saber e que desaparecerá assim que este encontrar uma forma nova" (Foucault, 1986c, p. 15; *p. xxi*).

❖ ❖ ❖

A problemática das ciências humanas não surge, então, como nos primeiros escritos publicados por Foucault, da exigência de seguir o modelo das ciências naturais e das formas alienantes das contradições históricas, mas da disposição epistêmica na qual elas se inscrevem. Mas, em suas mutações, produzindo finalmente alívio e apaziguamento, a figura do homem está ameaçada por um desaparecimento próximo. Como veremos, Foucault retomará a questão das ciências humanas em várias ocasiões, ainda que em outros termos. Em *Vigiar e punir*, elas já não serão fruto da episteme, mas o correlato das sociedades disciplinares. E, pouco mais tarde, em seus cursos sobre a biopolítica, o homem moderno será identificado, finalmente, com a figura da população.

A tarefa da filosofia e a época do arquivo integral

O discurso filosófico, recém-publicado em 2023, reproduz um extenso manuscrito redigido principalmente no verão boreal de 1966, logo após o aparecimento de *As palavras e as coisas*. Nessa mesma época, em seu *Diário intelectual* (em torno de 30 cadernos ainda inéditos, mas com algumas de suas páginas já publicadas conjuntamente ao manuscrito de *O discurso filosófico*), Foucault escreve: "o que toma o lugar do homem e da representação é o discurso" (Foucault, 2023, p. 253), a filosofia é "o discurso dos discursos" (Foucault, 2023, p. 254). Os 15 capítulos que compõem esse manuscrito têm o propósito, precisamente, de explorar o nexo entre a morte do homem, anunciada nas páginas finais de *As palavras e as coisas*, e a discursividade da filosofia, o discurso dos discursos.

Com esse propósito, Foucault ocupa-se, em primeiro lugar, de descrever a especificidade e as funções do discurso filosófico, comparando-o com outros discursos (científico, literário, cotidiano ou ordinário, religioso).

Em segundo lugar, analisa as formas históricas assumidas pelo discurso filosófico a partir do século XVII. Aborda, em seguida, suas mutações a partir de Nietzsche. E, finalmente, descreve o regime discursivo na época da morte do homem como o do arquivo integral. Definitivamente, se *As palavras e as coisas* é uma arqueologia das ciências humanas, *O discurso filosófico* é uma arqueologia da filosofia, de suas modalidades discursivas e suas mutações. Pois, para o nosso autor, as configurações da filosofia

> não estão arraigadas na essência da filosofia em geral nem no destino que sua origem lhe prescreveu; mas tampouco podem ser identificadas à arquitetura interna dos diversos sistemas. O discurso filosófico tem uma consistência própria, ao mesmo tempo como fenômeno histórico com um ponto de irrupção determinado no tempo e como rede que atravessa soberanamente os diversos conjuntos de proposições construídos pelos filósofos (Foucault, 2023, p. 109 [170]).

❖❖❖

O discurso filosófico antecipa, sem dúvida, os desenvolvimentos de *A arqueologia do saber* (1969) e também de *A ordem do discurso* (1971). E, por isso, situa-se não apenas temporal, mas também conceitualmente, entre uma arqueologia centrada na noção de episteme, como a elaborada na obra de 1966, *As palavras e as coisas*, e uma arqueologia articulada em torno das noções de discurso e de arquivo, como a exposta em sua obra de 1969, da qual nos ocuparemos no próximo capítulo.

O eixo desse trabalho é a noção de "épocas do discurso", que, para expressá-lo de algum modo, está a meio caminho entre a noção de episteme e a de formações discursivas. Preserva da primeira a ideia de configurações epocais e antecipa da segunda a de regime discursivo, isto é, esse conjunto de regularidades ao qual estão submetidos os enunciados: "tipos de relações entre o sujeito falante e aquilo que diz, formas de validade possível para um enunciado quando se desprende do ato de fala que lhe deu origem; possibilidades de repetição, prolongação, reativação; sistemas de correlações entre grupos de enunciados formulados por sujeitos diferentes em momentos diferentes" (Foucault, 2023, p. 218 [358-359]).

❖❖❖

Desde suas origens, defende Foucault, a tarefa da filosofia foi a de diagnosticar: por um lado, interpretar o sentido dos signos e, por outro, tratar, propor um remédio. A palavra filosófica surgiu, por isso, aparentada à do profeta e à do médico. Mas, embora essa tarefa lhe tenha sido designada desde suas origens, na época da morte do homem o filósofo deve diagnosticar "sem ouvir uma palavra mais profunda, sem perseguir um mal invisível" (Foucault, 2023, p. 16 [7]). Sua tarefa se tornou a de dizer, "docemente", "o que há" (*ce qu'il y a*), o agora, o hoje (Foucault, 2023, p. 17 [9]).

Certo, mas, para determinar o que é esse agora, esse hoje ou, ainda, essa atualidade da qual a filosofia é diagnóstico, Foucault compara o discurso filosófico a outros discursos, tomando como referência aqueles componentes da linguagem que os linguistas denominam dêiticos e, mais amplamente, contexto,[20] isto é, os elementos do

---

[20] Em várias intervenções da época em que redige *O discurso filosófico*, sobre a relação dos enunciados com suas condições extralinguísticas, Foucault remete ao lógico John Austin e ao linguista argentino Jorge Luis Prieto. Assim, em uma conferência no Club Tahar Haddad, na Tunísia, sustenta: "Prieto, em particular, demonstrou como os elementos contextuais constituídos pela própria situação do falante são absolutamente

discurso cujo sentido depende da situação em que ocorre o ato da enunciação. Por exemplo, "eu", "aqui", "agora". De fato, Foucault chama de atualidade ou de o agora do discurso, precisamente, a tríade formada por estes três elementos: eu, aqui, no presente. Assim, argumenta, o valor de verdade do discurso científico depende de que possa circular de maneira universal, sem permanecer alinhavado a um determinado agora, isto é, a um quem, a um onde ou a um quando. Também o discurso literário, enquanto ficção, para ser precisamente ficção, deve liberar-se do agora da enunciação. A ficção do discurso literário consiste, efetivamente, em construir seu quem, seu onde, seu quando. Ao passo que a ciência e a literatura, a seu modo, eludem o agora da enunciação, a filosofia "o reconhece, dá-lhe lugar, não deixa de designá-lo" (Foucault, 2023, p. 58 [74]). Diferentemente da ciência, a filosofia é, por isso, justificação do modo como um discurso pode ser verdadeiro, mesmo permanecendo vinculado a um agora. E, por isso, procura articular uma teoria do sujeito com uma teoria da verdade. A tensão entre sujeito e verdade é, precisamente, o espaço no qual se desdobra a filosofia como justificação do agora. E, diferentemente da literatura, a filosofia é interpretação de seu agora, por meio da busca de um fundamento ou de um sentido originário.

A especificidade de sua relação com o agora, para Foucault, aproxima estreitamente a filosofia ao discurso cotidiano ou ordinário, na medida em que, em ambos, o sentido não está dissociado do agora a partir do qual é proferido. Há, por isso, um isomorfismo entre filosofia e discurso ordinário no que se refere à relação com o contexto extralinguístico do discurso. E, no entanto, ambos os discursos não se identificam. Nesse caso,

---

necessários para dar sentido a uma série de enunciados e, de fato, a um grande número de enunciados" (Foucault, 2019b, p. 186).

diferentemente do discurso cotidiano, a tarefa da filosofia consiste em transformar em discurso esse agora, para que não permaneça simplesmente implícito. Nesse mesmo movimento, a filosofia se torna crítica desse agora sob a forma da tomada de consciência, do trazer à luz o que era inconsciente.

Por último, a relação com seu agora também diferencia a filosofia do discurso religioso. Deparamo-nos aqui com uma posição foucaultiana sem dúvida desafiadora. De seu ponto de vista, a filosofia nunca esteve tão próxima do discurso religioso como a partir de Descartes (Foucault, 2023, p. 92 [137]). Tanto o discurso filosófico quanto o religioso, desse modo, buscam vincular uma verdade sem tempo nem lugar a esse aqui e agora no qual é efetivamente enunciada. E, no entanto, a exegese religiosa e essa função da filosofia que Foucault denomina comentário fazem essa vinculação de maneira inversa. Enquanto, para o discurso religioso, a exegese, busca analisar as figuras através das quais a verdade se manifesta, o discurso filosófico busca mostrar os modos como o agora permite acessar a verdade.

Por meio da comparação com os discursos científico, literário, cotidiano e religioso, Foucault recorta a tarefa propriamente filosófica a partir do século XVII; trata-se de diagnosticar o agora: justificá-lo, interpretá-lo, criticá-lo e comentá-lo. Essas funções estabelecem, por isso, as necessidades do discurso filosófico, que, como assinalamos, não provêm de nenhuma essência nem de nenhuma origem, mas são um fenômeno histórico, com seus pontos de emergência e suas mutações.

❖ ❖ ❖

Nos últimos capítulos de *O discurso filosófico*, tomando como referência a obra de Nietzsche, Foucault ocupa-se das características gerais da filosofia pós-nietzscheana no plano da disposição do discurso. Para o discurso filosófico, uma época é inaugurada a partir do século XVII e chega até o século XIX, englobando o que em *As palavras e as coisas* era constituído pelas epistemes clássica e moderna, "de Descartes a Husserl". Depois de Nietzsche, sobrepondo-se em parte à anterior, começa outra época. Encontramo-nos diante de uma nova mutação, na qual são reformuladas as relações do discurso da filosofia com os outros discursos. Não se trata, porém, de que Nietzsche tenha levado a cabo ele mesmo essa mutação, com um "gesto soberano e solitário", mas é o discurso mesmo, seu regime de funcionamento, o que manifesta tal mudança em seus escritos (Foucault, 2023, p. 191 [309]). Além disso, trata-se de um processo no qual ainda estamos imersos.

Em termos gerais, a partir de Nietzsche, a questão da filosofia deixa de ser posta dentro de um espaço exclusivamente filosófico para remeter a algo que se encontra fora do discurso da filosofia, antes ou depois dele (Foucault, 2023, p. 195 [316]). Para descrever essa mutação, Foucault serve-se das mesmas quatro funções que lhe haviam permitido definir a relação da filosofia com seu agora. Os limites entre o discurso filosófico e os discursos científico, literário, ordinário e religioso serão reformulados, reduzindo as distâncias e dissolvendo os limites. Consequentemente, a filosofia deverá redefinir a relação com seu agora.

Foucault situa as figuras de Bertrand Russell, Ludwig Wittgenstein, Martin Heidegger, Jean-Paul Sartre e Karl Jaspers nesse movimento de reformulação do discurso filosófico em relação aos outros discursos. De todo modo, pouco importam os nomes próprios, pois "todos estão situados dentro desse acontecimento cuja presença surda, mas já soberana, foi assinalada pela obra de Nietzsche; o essencial é que foram possíveis graças ao mesmo conjunto de condições: a necessidade de identificar um discurso filosófico, liberado de suas antigas condições internas de funcionamento, e que se desdobra a partir de um discurso ainda não especificado" (Foucault, 2023, p. 196 [320-321]).

Para Foucault, na configuração da filosofia a partir de Nietzsche, o mais relevante são as mutações que sofrem a teoria da representação e o sistema da antropologia, isto é, as duas formas assumidas pelo discurso filosófico entre os séculos XVII e XX. Com efeito, nas filosofias pós-nietzscheanas, a linguagem passa a ocupar o lugar da representação e do homem, "dele falamos em todos os nossos discursos" (Foucault, 2023, p. 210 [340]).

❖❖❖

Não é fácil, observa Foucault, descrever a disposição geral do discurso no qual nos encontramos imersos. Essa "primeira aproximação", que afirma a preeminência da linguagem, não se mostra completamente satisfatória. Pois, ao situá-la em um lugar que já estava preparado para ela, não deixa de descrever a mutação contemporânea do discurso filosófico senão nos termos da antiga configuração. Para Foucault, ao contrário: "A mutação que afeta hoje em dia o regime geral de nossos discursos pode ser caracterizada em uma palavra: a organização de um arquivo integral" (Foucault, 2023, p. 213 [349]).

Voltaremos em seguida a essa noção. No momento, assinalemos que, com o termo "arquivo", Foucault refere-se aqui à rede de relações que se estabelecem entre os discursos, os atos de fala, as diferentes formas dos discursos (anônimos, que contêm proposições universais, que se referem ao próprio sujeito falante...), os materiais e as instituições que servem para a conservação das palavras, os modos de transcrição e de transformação (notações simbólicas, resumos, imagens...). Nesse sentido, afirma:

> Há um conjunto de características culturais que não se confundem nem com o sistema formal da linguagem utilizado nem com a concepção que se possa ter da fala, de sua natureza e de sua eficácia; mas tampouco se confundem com as formas psicológicas que determinam os atos de fala nem com o sentido ou conteúdo ideológico que perseguem os diferentes enunciados. Essa característica cultural é a relação que se estabelece entre os discursos (Foucault, 2023, p. 214 [351]).

Se por discurso entendemos o que foi efetivamente dito, possui especificidade e autonomia em relação à língua e à fala. A língua, com efeito, embora possa prescrever as regras gerais de todas as escolhas linguísticas possíveis, não pode responder por que determinados enunciados foram ditos, e outros, não. Quanto à fala e aos atos de fala, por um lado, sua tipologia é muito limitada a respeito do que foi dito. E, por outro, os discursos funcionam combinando diferentes atos de fala (descrições, prescrições…). Entre a língua e a fala, existe, por isso, um extrato específico, o dos discursos, com sua própria regularidade. No domínio da história, entre "os indivíduos ou as condições de sua existência e o que eles pensam e dizem", o domínio do discursivo constitui a dimensão do arquivo, o conjunto do que foi efetivamente dito com a regularidade de suas formas de combinação e de conservação (Foucault, 2023, p. 223 [370]). O arquivo-discurso pode ser qualificado, por isso, como um "interstício universal" (Foucault, 2023, p. 223 [371]).

❖❖❖

Apesar da impossibilidade, para toda cultura, de descrever seu próprio arquivo-discurso e levar a cabo o que pode ser qualificado como uma espécie de "etnologia imanente" (Foucault, 2023, p. 229 [375]), Foucault não deixa de estabelecer as grandes etapas na história do arquivo-discurso, com a finalidade de decifrar, comparando-o com essas etapas, o atual sistema de arquivo-discurso. A primeira grande mutação de nosso arquivo-discurso, defende ele, teve lugar entre os séculos VIII e VII a.C., com a introdução da escritura alfabética, que tornou possíveis na Grécia a poesia escrita e a lei escrita. Correlativamente, acompanhando essa mudança, mito e *logos* começaram a se separar. A segunda grande mutação situa-se em Alexandria, no século III a.C., durante o helenismo. Sua biblioteca reuniu manuscritos de línguas e sistemas de registro e notação diferentes, que foram assimilados e convertidos. Foucault insiste em que não foi a modalidade grega do arquivo a que prevaleceu, mas que surgiu um novo arquivo, com uma nova configuração, na qual aparece "a ideia de um *logos* que seria comum a todos os homens, que seria em cada um deles a marca de sua relação com a divindade" (Foucault, 2023, p. 231 [380]). E o mais importante foram o estabelecimento e a organização de uma massa de escritos canônicos, em relação aos quais podemos distinguir os discursos verdadeiros e os falsos. Nessa mutação, o cristianismo se converterá na religião desse livro, a *Bíblia*, no qual tem lugar a comunicação direta com Deus. Uma nova mutação ocorre no século XVI, ligada à introdução da imprensa, a organização das bibliotecas dos conventos, a difusão do livro impresso e a instauração de novas relações com os textos existentes, como a crítica e a erudição. Ademais, no século XVII encontramos uma nova mutação, a que dá origem à Época Clássica: a ideia de um texto primeiro e canônico desaparece, e a linguagem é definida por sua representatividade, isto é, por sua capacidade de representar, à distância, às coisas e sua ordem. A partir daí forma-se

> um discurso científico cujos enunciados têm uma validade independente de qualquer sujeito falante

(porque os signos de que estão feitos pertencem a representações necessárias); um discurso literário cujos enunciados constituem seu próprio sujeito falante (porque os signos dos quais estão feitos representam as representações que definem o sujeito falante); um discurso religioso cujos enunciados dizem o verdadeiro sentido de um discurso primordial (porque os signos dos quais estão feitos decompõem em signos de segundo grau as representações que povoam este discurso); e, finalmente, um discurso filosófico que deve justificar e fundar a possibilidade para um sujeito falante de enunciar uma proposição verdadeira na forma de um aqui e agora. Todas essas modalidades diferentes têm seu lugar comum no espaço do discurso-arquivo, que se turva no século XVI e se estabiliza no início do século XVII (Foucault, 2023, p. 234-235 [387-388]).

❖❖❖

A ideia de um arquivo integral, que define a época atual do arquivo-discurso e reformula os discursos e suas relações, não remete principalmente à sua dimensão quantitativa, à sua extensão, à pretensão de conservar todos os feitos discursivos. O arquivo integral define-se mais pela inversão da relação entre discurso e atos de fala, entre discurso e sujeito. Até agora, o arquivo era o lugar de registro e conservação dos atos de fala em vista de outros atos de fala que os retomassem. Mas, na época atual, defende Foucault,

> todo discurso tem direito ao arquivo e, inversamente, o arquivo, em vez de ser o lugar onde se reconstituem os atos de fala, é apenas o espaço de justaposição dos discursos. Sem dúvida, o arquivo sempre e mais que nunca permite novos atos de fala que reativarão o discurso registrado; mas esses atos

> já não estão determinados em sua natureza nem em sua forma por aqueles que deram lugar aos discursos. O discurso no arquivo, seja qual for a natureza dos atos que lhe deram origem, [está] aberto a novos atos de fala, mas totalmente indeterminado e capaz por sua [vez] de provocar qualquer tipo de discurso. O horizonte do arquivo é indeterminado (Foucault, 2023, p. 243 [402]).

O discurso já não se ordena, então, nem ao sujeito dos atos de fala que foram registrados e conservados, à sua experiência ou à sua consciência, nem ao sujeito que os retoma, para repeti-los e atualizá-los, mas sim ao próprio discurso. Esse é o regime de funcionamento dos discursos na época da morte do homem. Foucault denomina de discursividade essa característica geral do funcionamento do arquivo integral, pela qual o discurso se converte na forma geral da experiência. Definitivamente, "estamos em uma cultura em que não há evento nem existência, saber nem obra, que não sejam em si mesmos discursos e que não encontrem no discurso suas condições de possibilidade" (Foucault, 2023, p. 246 [408]).

Podemos compreender, então, o alcance e o sentido que Foucault atribui às afirmações de seu *Diário intelectual* que citamos anteriormente. Por um lado, o discurso ocupou o lugar que ocuparam, desde o século XVII até o XIX, primeiro a representação e depois o homem. No arquivo integral, os discursos remetem primariamente a outros discursos; o sujeito e suas representações, a experiência e a consciência tornam-se efeitos do discurso. Por outro lado, a filosofia é o discurso dos discursos, isto é, o discurso a respeito das relações entre discursos. Nesse sentido, também em seu *Diário intelectual*, escreve: "A arqueologia tenta recuperar a unidade do discurso e do pensamento. Não a partir da representação, da análise e do signo (no âmbito do sujeito), mas a partir do discurso em si mesmo, de sua dispersão, da maneira como seus diversos elementos se organizam um ao lado do outro e em relação com os demais" (Foucault, 2023, p. 257).

A arqueologia será definida por Foucault, efetivamente, como a ciência do arquivo (Foucault, 1994. v. I, p. 499; *v. VII, p. 140*).

❖❖❖

Acompanhado pelo sucesso imediato de *As palavras e as coisas*, em setembro de 1966, logo após ter pensado em se mudar para Tóquio, Foucault parte para a África, para o país de Aníbal e Santo Agostinho: Tunísia, em princípio por três anos. Ali, pela primeira vez, assume uma cátedra de filosofia e se depara, segundo suas próprias palavras, com "a avidez absoluta de saber" (Foucault, 1994, v. I, p. 584; *v. II, p. 61*) por parte dos alunos. Ao regressar, antes do previsto, as coisas já não serão o que haviam sido até então, e o pensamento de Foucault, tampouco. O período de "seca política" chegava ao seu fim: Maio de 1968 convulsionaria a sociedade, as instituições e o pensamento.

Capítulo 4
A sociedade de normalização

Se a experiência da loucura e da linguagem (a literatura, o discurso dos saberes) ocupou até agora o centro da cena nos escritos foucaultianos, é o problema do poder que, ao final da década de 1960, mas principalmente na de 1970, concentra seu interesse. Não seria correto dizer que o poder estivesse ausente até então. História da loucura *ou* O nascimento da clínica *já nos falavam de sua relação com os saberes, especialmente com os da medicina e da psiquiatria. Mas agora Foucault se propõe analisar o poder em seus mecanismos específicos, sem ficar, com isso, circunscrito ao enfoque jurídico com o qual habitualmente era abordado. Interessa-se, com efeito, por uma leitura historicizada dos modos como o poder se difunde e circula nas sociedades modernas para dar forma aos indivíduos e às populações. O poder moderno é, por isso, um biopoder, um poder que se exerce sobre os corpos: as disciplinas normalizam os corpos individuais; as biopolíticas, o corpo da população. No cruzamento entre disciplinas e biopolítica, entre indivíduos e população, encontramos a sexualidade. Ela é um campo de experiência privilegiado na análise, ao permitir acesso ao controle anátomo-político e estatístico dos corpos, e à relação, sempre aberta, entre poder e resistência. E é que, para nosso autor, não há poder sem liberdade, ainda*

107

que tampouco haja, desde a Modernidade, liberdade sem segurança. A problemática do liberalismo resulta, assim, inevitável, e Foucault aborda criticamente as dinâmicas históricas de produção econômico-política de liberdade e de segurança que nos trazem ao presente. Por esse caminho, a noção de governo, entendida como o modo de condução das condutas dos indivíduos e das populações, converter-se-á na chave da genealogia foucaultiana do poder.

> Isto é o que significou a Tunísia para mim: tive de entrar no debate político. Não foi Maio de 68 na França, e sim Março de 68 em um país do Terceiro Mundo.
> Foucault, 1994, v. IV, p. 79; v. VI, p. 330.

Na noite de 10 a 11 de maio de 1968, as ruas parisienses do Quartier Latin que rodeiam a Sorbonne viraram um violento campo de batalha entre estudantes e policiais: bloqueios, carros incendiados, quebra de vitrines, paralelepípedos arrancados do chão e atirados, feridos de ambos os lados... Foi a noite das barricadas. Os protestos estudantis tinham começado uma semana antes, em 2 de maio, partindo da Universidade de Nanterre, na periferia de Paris. Em 3 de maio, foram detidos cerca de 500 manifestantes. Depois dessa noite, por todo o país foram declaradas greves, com a participação de operários fabris, trabalhadores do transporte e funcionários públicos. Em 24 de maio, o general De Gaulle anunciou um referendo voltado à renovação universitária, social e econômica do país, que acabou não sendo realizado. Em 30 de maio, De Gaulle dissolveu o parlamento e no ano seguinte renunciou à presidência da França.

A revolta estudantil francesa inscreve-se em um movimento mais amplo, cuja origem remonta aos protestos no campus da Universidade de Berkeley, nos Estados Unidos, em 1964. As mudanças na sociedade francesa tampouco são um fenômeno isolado; formam parte dos ares da época, marcada pelo questionamento da Guerra do Vietnã, pelos movimentos revolucionários da América Latina, pelo maoísmo, pela legislação sobre a anticoncepção, pela revolução da minissaia etc. Mas, para além dessas conexões, os protestos franceses tiveram a própria especificidade, cujos motivos deram lugar a interpretações polêmicas e até mesmo opostas, como a de Jean-Paul Sartre, que saudava a manifestação geral de liberdade militando ao lado de estudantes e operários, e a de Raymond Aron, que denunciava um simulacro de revolução sem projeto político próprio e exigia a volta à legalidade. Entre os múltiplos motivos das revoltas, desempenharam um papel de primeira ordem o aumento do desemprego, o crescimento da população estudantil universitária, que mais que duplicara em poucos anos – sem que as estruturas materiais e institucionais estivessem à altura das circunstâncias –, e os próprios costumes autoritários de pais, patrões e políticos. Sintetizando – em palavras de Foucault, estava em pauta nessa época sobretudo essa "dimensão vertical", que, como no "mundo das prisões" e "dos cães ('deitado', 'em pé')", "não é uma das dimensões do espaço", mas "a dimensão do poder" (Foucault, 1994, v. II, p. 402; *v. VI, p. 83*).

Nos últimos meses de 1968, entre as medidas adotadas para tentar fazer frente à situação estudantil, foi criado o Centro Universitário Experimental de Vincennes, transformado a partir do ano seguinte em universidade. Foucault, que durante os acontecimentos de Maio de 1968 encontrava-se na Tunísia, viu-se obrigado a abandonar esse país no final de junho. Seu apoio às revoltas estudantis tunisinas, em março do mesmo ano, sem dúvida motivou esse afastamento. Ao retornar a Paris, assumiu a direção do Departamento de Filosofia de Vincennes, projeto ao qual também se somaram Alain Badiou, Jacques Rancière, Jean-François Lyotard e François Châtelet.

No início de 1970, com a finalidade de impedir que seus egressos pudessem lecionar nas escolas secundárias, o ministro da Educação comunicou sua intenção de não outorgar validade ao título de licenciatura em Filosofia da Universidade de Vincennes. Foucault concedeu uma entrevista sobre o tema, intitulada "A armadilha de Vincennes", na qual se pergunta: "O que tem a filosofia (a aula de filosofia) de tão precioso e de tão frágil que é necessário protegê-la com tanto cuidado? Em Vincennes, somos assim tão perigosos?" (Foucault, 1994, v. II, p. 67; *v. VII, p. 185*). Em abril desse ano, Foucault é eleito professor no Collège de France e deixa Vincennes. O contraste não poderia ser maior: de uma instituição recém-criada e cuja legitimidade acadêmica era posta em dúvida pelo próprio Ministério de Educação a outra que era uma das mais antigas da França (fundada em 1530) e de prestígio indiscutível. Para Foucault, seu ingresso no Collège de France não foi, no entanto, motivo para eludir o compromisso político. Ao contrário, precisamente nessa época ganhou forma a experiência do Grupo de Informação sobre as Prisões (GIP).

❖❖❖

A lucidez e a inteligência dessa classe [a classe burguesa], que conquistou e manteve o poder nas condições que conhecemos, produzem efeitos de estupidez e cegueira. Mas onde, senão precisamente na camada dos intelectuais?

Foucault, 2013e, p. 168; *p. 151.*

Umas das maiores preocupações de Raymond Marcellin, que havia ocupado o cargo de ministro do Interior da República Francesa durante esse período de crises e protestos compreendido entre maio de 1968 e março de 1974, era contar com meios legais para enfrentar situações como as revoltas estudantis e os movimentos de contestação, quando o aparato legislativo existente revelava-se pouco apropriado. Para isso, além da criação de tribunais de exceção, propiciou a modificação do Código Penal, a fim de poder apreender em flagrante delito aqueles que incitassem manifestações ou a ocupação de edifícios públicos, tornando seus atores passíveis de sanções econômicas. Como consequência, numerosos estudantes e operários foram presos, o que deu lugar a reiteradas greves de fome e ao apoio das associações de defesa dos direitos humanos (Artières; Quéro; Zancarini-Fournel, 2003, p. 14).

Em 8 de fevereiro de 1971, no contexto de uma coletiva de imprensa oferecida a propósito da greve de fome levada a cabo por um grupo de detidos da Esquerda Proletária, Michel Foucault, Pierre Vidal-Naquet e Jean-Marie Domenach anunciam a constituição do GIP. Para os membros do grupo, as prisões constituíam um lugar cotidiano da política e, portanto, informar a respeito delas era também um ato político (Artières; Quéro; Zancarini-Fournel, 2003, p. 28). Em 28 de maio de 1971, o GIP publica o primeiro de uma série de livretos intitulados *Intolerable*. A contracapa incluía, precisamente, uma lista de intoleráveis: "Os tribunais, os policiais, os hospitais, os asilos, a escola, o serviço militar, a imprensa, a televisão, o Estado". Embora as prisões não apareçam nessa lista, tanto o primeiro número de *Intolerable* como os posteriores nelas focalizam. O primeiro número, com efeito, tem por título *Enquete em 20 prisões*, e dois terços dele são dedicados a relatos dos presos e suas respostas.

A brevidade da experiência do GIP, autodissolvido em dezembro de 1972, deixou um sabor amargo nas lembranças de Foucault; no entanto, como assinala Didier Eribon, retomando uma observação de Gilles Deleuze, essa experiência significou colocar à prova "uma nova concepção do engajamento dos intelectuais, a de uma ação que não é levada a cabo em nome dos valores superiores, mas a partir de um olhar dirigido às realidades imperceptíveis" (Eribon, 1989, p. 248; *p. 217-218*). Por isso, para compreender a especificidade teórica e política da posição de Foucault, sobretudo durante a década de 1970, é necessário conjugar seu pertencimento ao prestigioso Collège de France e sua experiência no GIP. Nesse sentido, vale a pena destacar que, alguns anos mais tarde, em meados dessa década, e para definir seu próprio trabalho, Foucault fala de um acoplamento entre erudição histórica e lutas locais, como a dos doentes psiquiatrizados ou a dos prisioneiros encarcerados, e também de uma insurreição dos saberes "contra os efeitos de poder centralizadores que estão ligados à instituição e ao funcionamento de um discurso científico" (Foucault, 1997a, p. 10; *p. 14*).

❖❖❖

De acordo com as exigências da instituição, os professores do Collège devem apresentar os resultados de suas investigações durante os cursos. As aulas são abertas, os assistentes não precisam cumprir requisitos de ingresso, não há exigências de comparecimento ou provas e não recebem nenhum título ou diploma. Essas aulas não têm, em termos estritos, alunos, e sim ouvintes. O Collège de France é, definitivamente, uma instituição de pesquisa que, por meio de aulas abertas, torna públicos seus resultados. A partir de 1970, exceto em 1977, Foucault ministra ali um curso a cada ano. Eles foram a base de seus livros publicados em vida: os primeiros cursos, de 1970 a 1975, de *Vigiar e punir* e *A vontade de saber*, o primeiro volume de *História da sexualidade*; os últimos cursos, entre 1980 e 1984, dos dois volumes seguintes dessa história: *O uso dos prazeres* e *A inquietude de si*. Aos cursos dos anos 1976-1979, que poderíamos denominar "biopolíticos", por sua vez, não corresponde nenhum livro.

Essas aulas mostram que, no pensamento de Foucault, sempre houve deslocamentos: novos temas são introduzidos, os já estudados são abordados a partir de novas perspectivas, formulam-se novas hipóteses, estabelece-se uma relação crítica com os trabalhos precedentes etc.

Mas seria errôneo pensar que em determinado momento Foucault introduz um problema que antes estivesse ausente, como o do poder, e que então tudo muda, o arqueólogo torna-se de repente um genealogista e deixam-se de lado as investigações precedentes. Ao contrário: por um lado, um percurso por *História da loucura* ou por *O nascimento da clínica* é suficiente para mostrar que a questão do poder já aparecia desde muito antes; e, por outro, a questão das ciências humanas, por exemplo, continuará presente. Por isso, esses deslocamentos não são rupturas, mas sim torções, movimentos em torno de um eixo. Às vezes é possível encontrar um ponto oposto a outro, mas o central é o eixo desses deslocamentos e o modo como surge a possibilidade de levá-los a cabo.

Na nossa maneira de ver, esse eixo não está representado nem pelo saber, nem pelo poder, nem pelo sujeito, mas pela maneira como se correlacionam. Para acessar esse eixo, Foucault teve, primeiro, de fazer com que cada uma dessas noções perdesse o caráter substancial que frequentemente lhe era atribuído. O saber, o poder ou o sujeito existem apenas no plural e sem nenhuma identidade que transcenda suas múltiplas formas históricas. Por essa razão, para expressar a pluralidade histórica de cada um deles, em seu último curso no Collège de France Foucault não fala de saber, mas de modos de veridicção; não fala de poder, mas de técnicas de governamentalidade; e não fala de sujeito, mas de práticas de si (Foucault, 2009a, p. 10; *p. 10*).

A vontade de verdade

> *O que faltava ao meu trabalho era esse problema do regime discursivo, dos efeitos de poder próprios do jogo enunciativo.*
> Foucault, 1994, v. III, p. 144; *v. IX, p. 17.*

Em várias ocasiões Foucault, antecipa que está trabalhando em um livro que tem por objeto esclarecer os problemas de método. Em 1969, aparece *A arqueologia do saber*, em que, em torno dos conceitos de descontinuidade e enunciado, busca precisar o sentido e o alcance dos instrumentos conceituais utilizados em *História da loucura*, *O nascimento da clínica* e *As palavras e as coisas*. O que são as formações discursivas? Como descrevê-las? São essas algumas das perguntas que tenta responder. Para fazê-lo, primeiro realiza um trabalho negativo com relação às noções habitualmente utilizadas no campo da história das ideias: obra, livro, autor. Seu propósito é mostrar que nenhuma delas é definitivamente tão evidente e tão simples como pode parecer à primeira vista. Por exemplo, o livro. Sua identidade como um objeto que podemos ter nas mãos ou colocar na estante de uma biblioteca é, sem dúvida, facilmente determinável. Em outro nível, porém, essa identidade "é variável e relativa". A unidade que possui não é a mesma no caso de uma antologia de poemas, de uma compilação de fragmentos póstumos ou de um livro de história (Foucault, 1984a, p. 34; *p. 25*). Por razões similares, como Foucault explica detalhadamente em sua célebre conferência "O que é um autor?", também de 1969, seria mais apropriado falar da função-autor. Com efeito, o autor não coincide com o indivíduo designado com um nome próprio ou um pseudônimo, mas "o que no indivíduo é designado como autor (ou o que faz de um indivíduo um autor) não é mais que a projeção, em termos sempre mais ou menos psicológicos, do modo como se trata aos textos, as aproximações que se instauram, os nexos que se mostram pertinentes, as continuidades que são admitidas ou as exclusões que se estabelecem" (Foucault, 1994, v. I, p. 801; *v. III, p. 276-277*).

Cada uma dessas noções tradicionais serviu, na realidade, para eludir essa dispersão constitutiva que atravessa os discursos. Se interrogarmos o que foi dito de uma perspectiva arqueológica, não nos depararemos simplesmente com um autor, com um sujeito que preexiste ao discurso e que, por meio de seu nome próprio, permite-nos reunir uma obra, mas com instâncias dispersas que determinam quem pode falar e em que circunstâncias ou âmbitos institucionais. Não é qualquer um, por exemplo, que pode ser sujeito de enunciação em um discurso médico. E o mesmo acontece em relação aos objetos do discurso; no nível arqueológico, eles não preexistem aos enunciados como algo que está ali, em silêncio, esperando ser descoberto. Como vimos no segundo capítulo, para que o objeto doença mental aparecesse no discurso, foi necessária uma reorganização profunda do espaço da reclusão, uma nova definição do papel do médico no mundo asilar, uma modificação do esquema de relações entre a alma e o corpo etc. O mesmo pode ser dito das regras que organizam as relações entre enunciados. Também aqui nos deparamos com uma dispersão que não se reduz às normas da gramática ou da lógica. Há, por exemplo, enunciados que são retomados para considerá-los aceitos ou criticá-los, enunciados que provêm de outros âmbitos discursivos, enunciados com os quais se estabelece uma filiação etc. Em resumo, retomando as expressões de Foucault em *A ordem do discurso*, existem, por exemplo, o tabu do objeto, os rituais de circunstâncias ou os direitos privilegiados ou exclusivos do sujeito que pode falar (Foucault, 1986a, p. 11; *p. 9*).

Essas e outras instâncias similares estabelecem, limitando-as, as condições históricas de existência dos enunciados, o *a priori* histórico dos discursos. Os enunciados são, nesse sentido, não apenas coisas, com a materialidade que lhes é necessariamente própria, mas também acontecimentos. Mas essa dispersão não carece, contudo, de regularidade. Foucault denomina propriamente de *arquivo* a descrição do

> conjunto das condições que regem, em um momento dado e em uma sociedade determinada, a

aparição de enunciados, sua conservação, os nexos que se estabelecem entre eles, a maneira como são agrupados em conjuntos estatutários, a função que cumprem, o jogo de valores ou de sacralizações que os afetam, a maneira como estão envolvidos nas práticas ou as condutas sociais em que são rechaçados, esquecidos, destruídos ou reativados (Foucault, 1994, v. I, p. 708; *v. II, p. 95*).

Podemos falar de formação discursiva quando uma série de enunciados responde às mesmas regras de constituição. Por isso, essa maneira de abordar a análise dos discursos pode ser sintetizada dizendo-se que não são estudados como documentos, como testemunhos ou reflexos de outra coisa, mas como monumentos, segundo suas próprias regras de organização.

Em um contexto mais político, em *A sociedade punitiva*, Foucault distinguirá, por um lado, o discurso, e, por outro, os autores, as obras e os textos, levando em conta sua função estratégica, isto é, os efeitos de poder que produzem. Nesse sentido, sustenta que os textos, as obras e os autores são discursos que, fruto da escolarização da sociedade, perderam sua eficácia estratégica, pois circulam em um marco institucional afastado das lutas que lhes deram origem (Foucault, 2013e, p. 169; *p. 152*).

❖❖❖

Em 2 de dezembro de 1970, com sua célebre aula inaugural intitulada *A ordem do discurso*, Foucault assume a cátedra que havia sido criada para que desenvolvesse seu trabalho, *História dos sistemas de pensamento*, e se converte, desse modo, no sucessor de Jean Hyppolite no Collège de France. Segundo os usos e costumes, em sua aula inaugural, o novo professor expõe as conclusões principais de seus trabalhos anteriores e, ao mesmo tempo, apresenta seu programa de investigação para os próximos anos.

Em consonância com *A arqueologia do saber*, a hipótese geral de Foucault sustenta "que em toda sociedade a produção de discursos é ao mesmo tempo controlada, selecionada, organizada e distribuída por determinados procedimentos que têm por função conjurar seus poderes e perigos, dominar a aleatoriedade de seu acontecimento e evitar sua pesada e temível materialidade" (Foucault, 1986a, p. 10-11; *p. 9*).

Alguns desses procedimentos são exercidos a partir do exterior — como os que já assinalamos a respeito de quem pode falar, sobre o que e em que circunstâncias —, mas também por meio da oposição entre a razão e a loucura. O discurso dos loucos, com efeito, não pode circular do mesmo modo como o que é considerado razoável. Outros procedimentos exercem seu controle dentro da própria ordem discursiva. Assim, por exemplo, o comentário, como prática discursiva, procura limitar a produção de novos discursos ao sentido que se encontra escondido nos textos e que precisamente se quer comentar. As disciplinas (como a matemática ou a física, por exemplo) funcionam de maneira inversa. Nesse caso, a produção de discursos é limitada por meio das regras que permitem e exigem formar enunciados novos em vez de repetir algo já dito. Junto a tais procedimentos de controle e produção de discursos, Foucault situa também aqueles cuja finalidade consiste em estabelecer a maneira como os discursos podem circular ou como é possível apropriar-se deles: os grupos religiosos e doutrinais ou os sistemas pedagógicos.

Cada um desses procedimentos ou, em geral, o sistema de exclusões que rege a ordem do discurso se apoia, segundo Foucault, em alguns temas clássicos da filosofia: a ideia de um sujeito fundador, de uma experiência originária e de uma mediação universal. Em relação a um sujeito considerado como fundador do sentido, a finalidade do discurso se reduz a ser a expressão de sua interioridade: pensamentos, lembranças, sentimentos. No caso da experiência originária, ao contrário, supõe-se que a ordem do discurso limite-se a ser a explicitação de um sentido que já existe nas coisas, e, por isso, basta apreendê-lo para poder dizê-lo. A mediação universal, em contrapartida, não parte nem do papel fundacional do sujeito nem da presença prévia do sentido nas coisas; supõe que, por meio das formas de intercâmbio de discursos (diálogos, discussões, réplicas), ascende-se até uma instância, a da razão ou do logos, que transcende a todos. A partir desses temas clássicos da filosofia, o discurso, "ao se colocar do lado do significante, anula-se em sua realidade" (Foucault, 1986a, p. 51; *p. 49*); ou, em outras palavras, os signos acabam finalmente sendo apenas signos, marcas de outra coisa, como o sujeito, a experiência ou a razão.

A tarefa que Foucault se propõe consiste, por isso, em devolver aos signos sua realidade de discursos. Para consegui-lo, procura levar a cabo uma série de operações: considerar, por exemplo, o comentário ou as disciplinas já não como fontes do discurso, mas como formas de limitação (princípio de inversão); ocupar-se dos discursos como práticas históricas cambiantes que não estão regidas pela forma de nenhuma palavra definitiva (princípio de descontinuidade); em lugar de considerar o discurso como expressão do sentido das coisas, abordá-lo como uma violência que exercemos sobre elas (princípio de especificidade); e, finalmente, não partir do sujeito para descobrir o sentido e a estrutura do discurso, mas dos próprios discursos (princípio de exterioridade).

❖❖❖

No grupo dos procedimentos de limitação da produção de discursos que são exercidos de fora da ordem discursiva, junto às proibições expressas nas formas do ritual ou do tabu e à distinção entre loucura e razão, Foucault inclui também a oposição entre o verdadeiro e o falso. Ela constitui um sistema histórico, modificável e institucionalmente coercitivo (Foucault, 1986a, p. 16; *p. 14*). Deparamo-nos, nesse sentido, com diferentes distribuições dos limites entre o verdadeiro e o falso, ou, segundo sua própria expressão, com diferentes morfologias da vontade de verdade. A verdade tem, então, sua própria história. Esse é, precisamente, o tema do primeiro curso no Collège de France, *Lições sobre a vontade de saber* (ministrado entre dezembro de 1970 e março de 1971, mas publicado apenas 40 anos mais tarde, em 2011). Duas figuras maiores, Nietzsche e os sofistas, e uma contrafigura, Aristóteles, estruturam a exposição de Foucault, cuja intenção é "estabelecer uma teoria da vontade de saber que possa servir de fundamento às análises históricas" que realizara até aquele momento (Foucault, 2011, p. 3; *p. 3*).

Com relação a Aristóteles, Foucault se detém nas clássicas primeiras linhas da *Metafísica*, onde se afirma que os homens desejam saber por natureza e, como prova disso, remete-se ao prazer que produz o conhecimento que nos fornecem os sentidos, como o tato ou a visão, independentemente de sua utilidade. Mais adiante, Aristóteles conclui que a sabedoria, na qual o homem encontra a felicidade, consiste em uma verdade que não buscamos porque nos seja útil, mas por si mesma. A essa morfologia da vontade de saber Foucault opõe a dos sofistas e a de Nietzsche. Para os sofistas, efetivamente, o discurso funciona como um instrumento de luta cuja finalidade é vencer o adversário. Por isso, o que realmente lhes importa é a existência dos enunciados, que as palavras foram pronunciadas e "podem ser repetidas e recombinadas" (Foucault, 2011, p. 59). Nietzsche, por sua vez, mostrou que nem o conhecimento nem a verdade são naturais para o homem, mas uma invenção útil.

Em consonância com essa ideia nietzscheana de invenção da verdade e do conhecimento, Foucault em seguida se detém exaustivamente na análise da prática judicial na Grécia Antiga, particularmente na análise do momento e das razões pelas quais se passou de uma busca da verdade por meio do enfrentamento entre os que discutem a respeito de uma determinada causa à verdade concebida como um saber do justo, ou seja, a respeito da ordem e da medida das coisas. Nesse contexto de transformações da morfologia da vontade de verdade, Foucault situa a figura de Édipo, insistindo em que o que está de fato em jogo no personagem da tragédia não é a dimensão do inconsciente, mas sim o contrário, o enfrentamento entre essas diferentes morfologias da verdade em litígio na época de Sófocles. Pela contraposição das figuras dos sofistas e de Nietzsche à de Aristóteles, Foucault busca definir sua própria posição sobre o que devemos entender por saber. Nesse sentido, quando falamos de vontade de saber, devemos entender por saber "o que deve ser arrebatado à interioridade do conhecimento, para encontrar nele o objeto de um querer, a finalidade de um desejo, o instrumento de uma dominação, a aposta em uma luta" (Foucault, 2011, p. 18; *p. 18*).

Nessa mesma perspectiva, inaugurada por *A ordem do discurso* e *Aulas sobre a vontade de saber*, encontram-se as quatro conferências proferidas por Foucault em maio de 1973 na Pontifícia Universidade Católica do Rio de Janeiro e publicadas com o título de *A verdade e as formas jurídicas*. Nelas são retomados os temas de seu primeiro curso: o conhecimento como invenção, a análise da figura de Édipo, a história da prática judicial na Grécia etc. A hipótese geral afirma que existem "duas histórias da verdade": por um lado, uma história interna, intradiscursiva, no sentido de que a verdade se corrige a partir das regras de formação dos discursos verdadeiros, como sucede, por exemplo, na história das ciências; por outro lado, temos uma história externa da verdade, extradiscursiva, que descreve as práticas sociais a partir das quais se formam determinados domínios do saber (Foucault, 1994, v. II, p. 540-541; *2002, p. 11*).

Em relação a essa história extradiscursiva da verdade, ao analisar a evolução das práticas judiciais entre o Medievo e o Renascimento, Foucault ocupa-se da *inquisitio* (investigação), instaurada a partir do Império Carolíngio, na qual o estabelecimento da verdade por parte da autoridade estatal ou eclesiástica é levada a cabo por meio de testemunhas e mediante a asserção dos fatos. Para Foucault, esse modelo de poder político-judicial serviu de matriz para o surgimento das ciências empíricas (Foucault, 1994, v. II, p. 586; *2002, p. 74-75*). No mesmo sentido, mais tarde defenderá que os dispositivos disciplinares de vigilância, particularmente a prática disciplinar do exame, serviu de matriz para a formação das ciências humanas (Foucault, 1987, p. 187; *p. 181*; e 1994, v. III, p. 37; *v. IV, p. 185-186*).

❖❖❖

Uma comparação sumária de *A arqueologia do saber*, por um lado, e *A ordem do discurso* e as *Aulas sobre a vontade de saber*, por outro, mostra o deslocamento que se produz no pensamento foucaultiano a partir da elaboração da questão do poder ou, mais precisamente, das relações entre discurso e poder. Como destacamos, isso não significa que esse tema não estivesse presente nos trabalhos anteriores; tampouco que a abordagem das relações entre discurso e poder tenha chegado a uma formulação definitiva. Por exemplo, Foucault terminará distanciando-se de Nietzsche quando relativiza as noções de guerra e luta, e define em termos de governo e governamentalidade o quadro geral de suas investigações sobre o poder. No mesmo sentido, em seus últimos cursos, quando se volta amplamente aos autores da Antiguidade clássica em relação à linguagem, sua atenção deixará de se concentrar na concepção pragmática do discurso que caracteriza os sofistas, para focalizar a relação entre discurso e verdade. Os dos últimos cursos no Collège de France são dedicados, como veremos, a essa forma do dizer verdadeiro que os gregos chamavam de "parrésia". Mas, para chegar até aqui, é necessário, primeiro, recorrer à análise foucaultiana dos dispositivos modernos de poder, pois neles nosso autor descobrirá a relevância e o alcance das noções de governo e dizer verdadeiro.

É necessário insistir, como Foucault com frequência o fez, que seu propósito não é elaborar uma teoria sobre o poder. Suas pesquisas nesses anos descrevem mais exatamente como funciona, por exemplo, o poder de castigar ou de curar nos séculos XVIII e XIX, mas não buscam encontrar uma resposta à pergunta "o que é o poder?". Ao mesmo tempo, junto ao trabalho descritivo, sua preocupação também foi a de elaborar e colocar à prova as categorias apropriadas para descrever os dispositivos de poder. Como já acontecera em relação à metodologia arqueológica, deparamo-nos com algumas noções cujo valor descritivo é criticado ou posto entre parênteses: lei, soberania e repressão. E também com outras, como as de luta e guerra, que são postas à prova, mas finalmente são deixadas de lado. Desse modo, encontramos quatro hipóteses sobre o funcionamento do poder, que representam os grandes interlocutores das investigações foucaultianas desses anos: a hipótese Lévi-Strauss (oposição entre o poder que exclui e o que assimila), a hipótese Hobbes (poder-lei-soberania), a hipótese Reich[21] (poder-repressão) e a hipótese Nietzsche (poder-luta-guerra).

---

[21] Referência ao psiquiatra e psicanalista Wilhelm Reich.

A época do panoptismo

> *A alma, efeito e instrumento de uma anatomia política;
> a alma, prisão do corpo.*
> Foucault, 1987, p. 36; *p. 33*.

Em 1974, novamente no Rio de Janeiro, Foucault ministra um ciclo de conferências sobre a história da medicina e de suas funções na sociedade contemporânea. Na segunda, intitulada "O nascimento da medicina social", esboça uma tese em torno da qual girará grande parte de suas pesquisas nos anos subsequentes: "Para a sociedade capitalista, o que importava era antes de tudo o biopolítico; o biológico, o somático, o corporal" (Foucault, 1994, v. III, p. 210; *v. VII, p. 405*). A partir de então e até 1979, a descrição dos dispositivos de poder centrados no governo do corpo dos indivíduos e das populações será o tema central de seus livros e cursos.

❖❖❖

O curso dos anos 1972-1973, o terceiro dos ministrados por Foucault no Collège de France, intitula-se *A sociedade punitiva*; junto ao do ano precedente, *Teorias e instituições penais*, aborda os temas que em seguida serão retomados em *Vigiar e punir*.

No início de *A sociedade punitiva*, Foucault afronta uma das hipóteses sobre o poder em relação às quais busca se distanciar: a hipótese que ele atribui a Lévi-Strauss, que, em *Tristes trópicos*, guiado por uma metáfora digestiva, opõe as sociedades antropofágicas, que assimilam as forças perigosas e hostis, às antropoêmicas, isto é, as que as vomitam. Nossa sociedade pertenceria a essa segunda categoria. Uma das maiores preocupações de Foucault nesse curso é, precisamente, levar a cabo uma crítica da noção de exclusão. Em primeiro lugar, porque é demasiado ampla e, por isso, pouco útil para uma abordagem analítica dos mecanismos específicos de poder. Em segundo lugar, porque, ao estudar de forma analítica os procedimentos histórico-políticos de exclusão, estes não se opõem às técnicas de assimilação: "não há exílio nem reclusão que não comporte, além do que é caracterizado de maneira geral como expulsão, uma transferência, uma reativação desse poder que impõe, constrange e expulsa" (Foucault, 2013e, p. 4-5; *p. 5*).

A partir dessa perspectiva, distingue quatro táticas penais: excluir, impor uma compensação, marcar e enclausurar. A tarefa que se propõe em *A sociedade punitiva* é estudar as formas de exercício do poder que se encontram efetivamente em jogo em cada uma dessas táticas, sobretudo na última. Desse modo, serve-se da penalidade como um analisador do poder (Foucault, 2013e, p. 13; *p. 12-13*).

❖❖❖

Vigiar e punir é inteiramente dedicado ao estudo dos dispositivos disciplinares, isto é – no sentido estrito em que o termo "disciplina" é utilizado nesse trabalho –, ao conjunto de técnicas e procedimentos com os quais se busca produzir corpos politicamente dóceis e economicamente rentáveis (Foucault, 1987, p. 223; *p. 214*). A genealogia dos dispositivos disciplinares começa pela oposição entre dois modelos punitivos. Por um lado, o ilustrado pelo terrível suplício em que Damiens, em 2 de março de 1757, foi esquartejado publicamente depois de lhe terem atenazado os mamilos, atirado substâncias ferventes nas partes desgarradas e cortado com um punhal os tendões que uniam os membros ao corpo. Por outro lado, o elaborado por Léon Faucher em 1838, com um horário que regulamenta o emprego do tempo em uma casa de detenção de jovens em Paris: nove horas de trabalho, a partir das 5 horas no verão e das 6 horas no inverno, com descanso, alimentação, estudo e práticas religiosas, contadas de maneira perfeita e regular. Para além das aparências, não são as ideias ou os sentimentos humanistas que explicam essa mudança. Segundo Foucault, no hiato de 75 anos que separa essas duas formas de castigo, assistimos mais exatamente a um duplo processo de transformação: o desaparecimento do espetáculo punitivo, pois a pena se deslocará da intensidade visível do sofrimento à consciência abstrata da certeza de ser castigado, e uma modificação maior na finalidade explícita do sistema judicial, que, em lugar de castigar, agora diz que busca corrigir e curar. Com essas transformações, embora a distinção entre o permitido e o proibido continue vigente, o funcionamento do sistema judicial-carcerário deixa de estar centrado principalmente na determinação do crime e orienta-se à alma do delinquente. Novos saberes, como a psiquiatria e a psicologia, e novos personagens, como os peritos forenses, começam a formar parte do sistema judicial-carcerário. O suplemento de poder, as formas excedentes de seu exercício (Foucault, 1987, p. 34; *p. 32*), já não se manifestam no excesso de força física que, por meio dos verdugos, confrontava o corpo do supliciado ao soberano, e sim nesse elemento incorpóreo no qual é possível conhecer e manejar a substância e a dinâmica da criminalidade e, sobretudo, sua periculosidade. Em outros termos, o objeto desse novo dispositivo punitivo já não é simplesmente o corpo dos indivíduos, mas sua vida ou, melhor dizendo, seu corpo através da alma.

O objetivo de *Vigiar e punir* – defende Foucault – é escrever "uma história correlativa da alma moderna e de um novo poder de julgar" (Foucault, 1987, p. 27; *p. 26*); por isso, embora o subtítulo dessa obra seja *O nascimento da prisão*, seu alcance é muito mais amplo. Ela é, com efeito, uma genealogia da sociedade disciplinar moderna. Trata-se, definitivamente, de uma história política do corpo e, mais precisamente, do capítulo dessa história no qual são descritos, sem formulações contínuas e sistemáticas, saberes e tecnologias que, dispersos entre as grandes instituições e a materialidade dos corpos, conformam uma microfísica do poder (Foucault, 1987, p. 31; *p. 30*).

❖ ❖ ❖

Ao final do século XVIII inicia-se um amplo movimento de reformulações em torno dos princípios e das técnicas do castigo. É a época dos grandes "reformadores": Beccaria, Servan, Dupaty, Duport, Pastoret etc. A estratégia geral desse movimento foi conseguir maior regularidade e eficácia no castigo, de modo a torná-lo menos custoso política e economicamente. Por um lado, a prática dos suplícios era objeto de questionamentos há algumas décadas, e seus efeitos muitas vezes eram contrários aos pretendidos. O povo, de fato, às vezes celebrava a resistência e a coragem dos condenados ou se sublevava contra a brutalidade de um poder do qual também ele, afinal, era ou podia ser vítima. Por outro lado, com as formas do capitalismo nascente na sociedade burguesa, os delitos contra a propriedade e, sobretudo, as novas formas de fraude começaram a ter mais importância que os delitos de sangue. Era necessário castigar melhor, mas, a fim de evitar a reincidência e prevenir essas novas formas de ilegalidade, também castigar mais. Por isso, a grande reforma do direito penal não nasce da sensibilidade em relação à crueldade das penas, desse humanismo tantas vezes celebrado, mas de uma nova sensibilidade da sociedade em relação à gravidade dos delitos que a afetam e da forma de enfrentá-los; ou seja, definitivamente, de um cálculo econômico e político da função punitiva.

Mas a prisão, como forma geral e essencial da punição, não surgiu de maneira direta e imediata do movimento dos reformadores. Além dos pontos de convergência –

em particular, a ideia de moderar e singularizar a pena em relação ao delito cometido –, havia vários aspectos nos quais o modelo punitivo proposto pelos reformadores não condizia com a instituição carcerária. Para os reformadores, a dimensão pública do castigo era fundamental para manifestar a aflição pelo fato de que o pacto sobre o qual se funda a sociedade – o respeito às leis – havia sido violado e viam-se obrigados a privar um cidadão de sua liberdade. Para isso, os castigos apropriados para os condenados eram não só os trabalhos públicos, como a construção de estradas, mas também a peregrinação por lugares onde pudessem ser vistos – como as minas, os portos ou aquele imaginário Jardim da Lei que as famílias poderiam visitar em seus passeios dominicais –, acompanhados de discursos moralizadores. Esse mecanismo punitivo apoiava-se, pois, na representação. O corpo era, definitivamente, um meio de manifestação das vantagens e desvantagens da ruptura do pacto social. Em poucas palavras, os reformadores não imaginavam uma instituição fechada como a prisão, mas o contrário, ou seja, uma dimensão do castigo correlativa ao próprio corpo da sociedade, uma cidade punitiva. No modelo prisional, em contrapartida, as relações entre a ordem das representações e o corpo se invertem. O ponto de aplicação da pena é o próprio corpo, e as representações se convertem em um instrumento, pois o objetivo do dispositivo carcerário não é reconstituir o sujeito jurídico do pacto, mas produzir corpos dóceis e obedientes. No lugar de uma cidade punitiva, deparamo-nos, então, com uma instituição coercitiva.

Certo, mas como foi que ocorreu que, desses três modelos punitivos (os suplícios, a cidade punitiva e a instituição coercitiva), a prisão terminasse se impondo nas primeiras décadas do século XIX? A pergunta é particularmente significativa, posto que, desde seus inícios, a prisão sempre foi uma instituição criticável e criticada, em particular por sua incapacidade de conseguir a adaptação e a ressocialização dos condenados. A resposta de Foucault remete a uma série de processos que fizeram da sociedade europeia do século XIX uma sociedade disciplinar, ou, retomando o célebre trabalho de Jeremy Bentham, uma sociedade panóptica (Foucault, 1987, p. 219 e ss.; *p. 210 e ss.*). A prisão é, definitivamente, outra de suas engrenagens. Esses processos podem ser brevemente resumidos em torno de três eixos centrais. Em primeiro lugar, a necessidade de ajustar entre si os movimentos de acumulação de capital e de acumulação de corpos, próprios da civilização urbana e das novas formas de produção. Nesse sentido, o capitalismo e o poder disciplinar foram, pelo menos no século XIX, duas faces de uma mesma moeda. Em segundo lugar, embora seus mecanismos não se desprendam de maneira direta e sequer necessária das instituições jurídicas, na prática o poder disciplinar resulta complementar de uma concepção social fundada em um princípio abstrato de igualdade de direitos, porque, para poder funcionar, requeria a normalização da vida dos indivíduos. A lei, em poucas palavras, só pode garantir a liberdade aos indivíduos normais. Em terceiro lugar, os mecanismos da sociedade disciplinar permitiram a formação de novos saberes que, por sua vez, fortaleceram os mecanismos disciplinares.

Não pode nos surpreender então – afirma Foucault – que a prisão se assemelhe às fábricas, aos quartéis, às escolas e aos hospitais (Foucault, 1987, p. 229; *p. 219*). Em todas essas instituições, encontramos os mesmos mecanismos dessa nova tecnologia de poder que atravessa a sociedade europeia do século XIX: as disciplinas. A inserção da prisão no funcionamento geral da sociedade explica seu sucesso e também sua sobrevivência institucional. E, nesse sentido, uma de suas contribuições mais próprias é a produção de formas de delinquência – grupos organizados e dedicados à criminalidade em conivência com meios policiais – que podem ser integradas aos mecanismos sociais do controle disciplinar.

A partir das primeiras décadas do século XIX, aquilo que define a reclusão carcerária não é a privação da liberdade resultante da aplicação judicial da lei penal, mas, mais precisamente, o modo como a privação da liberdade se conjuga com essas práticas disciplinares de normalização dos indivíduos que, em si, como assinalamos, não são consequência imediata e necessária da aplicação da lei. A relevância da prisão radica em que, de maneira paradigmática, ela nos mostra a sobreposição entre a lei e a norma que define as sociedades modernas.

❖❖❖

Em *A sociedade punitiva*, seu curso de 1972-1973, Foucault interroga-se a respeito da emergência do termo "penitenciário" a propósito do regime carcerário moderno, no qual conjugam-se a pena imposta pelo sistema judicial com uma pena, de ordem moral, que seria a penitência por uma falta. Nessa conjunção, é necessário ver uma penetração da moral cristã no sistema judicial: o criminoso é visto como um pecador. Desse modo, o conhecimento do criminoso se converte em um problema central (Foucault, 2013e, p. 92-94; *p. 83-85*). Isso não quer dizer, porém, que Foucault defenda, como outros afirmaram, que exista uma linha de continuidade entre os conventos e as prisões. Nos conventos procura-se evitar as contaminações do mundo, mantendo-o fora de seus muros; nas prisões, ao contrário, trata-se de manter os indivíduos dentro, para evitar que contaminem o mundo exterior (Foucault, 2013e, p. 87; *p. 79*). Para Foucault, o penitenciário (a culpabilização moral e a correlativa exigência do conhecimento da alma do culpado) é "um fenômeno muito mais amplo que o encarceramento; trata-se de uma dimensão geral de todos os controles sociais. [...] Toda a sociedade contém o elemento do penitenciário, do qual a prisão é apenas uma formulação" (Foucault, 2013e, p. 104; *p. 94*).

❖❖❖

O século XIX fundou a época do panoptismo.
Foucault, 2013e, p. 265; *p. 236.*

A disciplina não é, por certo, uma invenção moderna: já a encontramos nos conventos. Mas, a partir de finais do século XVIII, os dispositivos disciplinares sofrem uma série de transformações; a partir de então, passam a cumprir a função de aumentar a utilidade dos indivíduos. Deixam de estar circunscritos aos limites institucionais e se disseminam por toda a sociedade. Ao mesmo tempo, são também objeto de apropriação por parte do Estado, por exemplo, pela formação de um sistema policial centralizado. No entanto, "não se pode identificar a 'disciplina' nem com uma instituição nem com um aparato; é um tipo de poder, uma modalidade para exercê-lo, que comporta todo um conjunto de instrumentos, de técnicas, de procedimentos, de níveis de aplicação, de objetivos; é uma 'física' ou uma 'anatomia' do poder, uma tecnologia" (Foucault, 1987, p. 217; *p. 208*).

Em poucas palavras, a disciplina é um dispositivo, isto é, uma rede de relações entre elementos heterogêneos (instituições, construções, regulamentos, discursos, leis, enunciados científicos, disposições administrativas) que surge com vistas a uma determinada finalidade estratégica (nesse caso, a produção de indivíduos politicamente dóceis e economicamente rentáveis) e cujo funcionamento e objetivos podem ser modificados para se adaptar a novas exigências. O dispositivo disciplinar funciona sobre a base de uma série de técnicas. Em primeiro lugar, a distribuição dos corpos em um espaço quadriculado e articulado, definido em relação a uma determinada função e ordenado em termos classificatórios: cada preso em sua cela, cada doente em sua cama, cada aluno em sua carteira, cada empregado em seu escritório ou junto à sua máquina. Em segundo lugar, o controle da atividade por meio do horário e o ajuste dos comportamentos e dos gestos à temporalidade de um processo. Em terceiro lugar, a organização genética do tempo, mediante a segmentação da temporalidade de um processo e a serialização de atividades repetitivas e sucessivas. E, finalmente, a composição das séries temporais por meio de uma estrita linha de comando. Cada uma dessas técnicas define as características próprias da individualidade disciplinar: celular, genética, orgânica e combinatória. Essas técnicas se servem de uma série de instrumentos precisos, cuja engrenagem fundamental é a norma: a vigilância hierárquica, a sanção e a prática da prova que combina a vigilância com a sanção.

As técnicas disciplinares nos mostram, então, que a lei e a norma, para além de sua complementariedade, funcionam de maneira diferente. A lei discrimina entre o permitido e o proibido, remete a conduta dos indivíduos a uma série de códigos nos quais se estabelece essa diferença e procura separar aqueles que não se adéquam ao legalmente estabelecido. A norma, em contrapartida, move-se em relação a um campo de comparação no qual há uma maior ou menor adequação quanto ao que é considerado ótimo; para estabelecer esse padrão de referência, não se serve de códigos, e sim de saberes; e, finalmente, não busca separar uns dos outros, mas adequar e homogeneizar, normalizar. Nesse sentido, a instituição carcerária, o hospital ou a escola, embora promovam uma reclusão temporária, não são, em termos estritos, formas de exclusão, e sim práticas de normalização inclusiva. Por isso, "é possível opor a reclusão do século XVIII, que exclui os indivíduos do círculo social, à reclusão do século XIX, que tem por função submeter os indivíduos aos aparatos de produção, formação, reforma ou correção" (Foucault, 1994, v. II, p. 614; *2002, p. 114*).

Segundo Foucault, as últimas não são instituições que excluem, mas que sequestram. Enquanto tais, é possível distinguir nelas pelo menos duas funções maiores. Em primeiro lugar, submeter o tempo da vida ao tempo da produção. Os indivíduos estão ocupados todo o tempo com atividades produtivas, mesmo quando se trata de diversão e de descanso. Em segundo lugar, exercem uma função de controle que não coincide com a institucionalmente estabelecida. A escola não se restringe a ensinar ou o hospital a curar; exercem um controle indireto sobre a existência, em particular, a propósito do corpo, da sexualidade e das relações interpessoais. As instituições de sequestro são, por isso, instituições indiscretas. Por meio desse suplemento de controle, produzem o social no sentido do normal (Foucault, 2013e, p. 217; *p. 195*).

❖❖❖

O panóptico define o princípio geral dessa nova dinâmica de poder das sociedades de normalização disciplinar, que poderia ser considerada uma invenção tecnológica equivalente à máquina de vapor no processo produtivo (Foucault, 1994, v. III, p. 35; *v. IV, p. 183*). Seu modelo arquitetônico foi descrito por Bentham como uma construção em forma de anel com uma torre no centro. Na periferia circular, encontra-se o espaço designado a cada corpo (por exemplo, as celas de uma prisão), e, na torre central, aqueles que exercem as funções de vigilância e controle. O panóptico é, em sua essência, uma tática arquitetônica para distribuir o olhar no espaço. Aqueles que habitam a periferia são vistos, mas não podem ver aqueles que ocupam a parte central; e, inversamente, aqueles que ocupam a parte central veem sem ser vistos.

O êxito do modelo depende da invisibilidade do poder de vigiar, que se torna eficaz em seus resultados e economicamente eficiente em sua instrumentação. Como o vigiado não pode ver se é vigiado, mas é consciente dessa possibilidade, a vigilância torna-se contínua em seus efeitos, embora seja descontínua em seu exercício. Desse modo, a relação de vigilância termina finalmente introjetando-se: cada um se converte em normalizador de si mesmo.

Com o panoptismo, assistimos, segundo Foucault, a uma inversão do eixo político da individualização. Retomando os termos de Nikolaus Julius, autor de *Lição sobre as prisões* (1827), essa mudança é exemplificada como a transformação de uma civilização do espetáculo em uma civilização da vigilância. Nos mecanismos da soberania, efetivamente, o poder funciona como um espetáculo: o personagem principalmente individualizado é o rei, com suas insígnias, seus cortejos e suas comemorações. Nos dispositivos disciplinares, quem é objeto de individualização são os antigos súditos. O olhar é exercido agora de maneira descendente, especialmente sobre as crianças, os loucos ou os delinquentes. E, quando se quer individualizar o homem são e adulto, ele é interrogado a respeito do que há em si de infantil, enfermo ou perigoso. No lugar de Lancelote, um personagem épico, encontramos agora – afirma Foucault – o presidente Schreber e as memórias de um doente dos nervos (Foucault, 1987, p. 195; *p. 189*). No entanto, essa inversão do eixo de visibilidade do poder não deve ser interpretada em termos simplesmente negativos, mas também produtivos, como um mecanismo de formação de individualidades normais.

Nesse sentido, nosso autor afirma:

> todas as ciências, análises ou práticas com o radical "psi" têm seu lugar nessa inversão histórica dos procedimentos de individualização. O momento

no qual se passou dos mecanismos histórico-rituais de formação da individualidade aos mecanismos científico-disciplinares, no qual o normal assume o lugar do ancestral, e a medida deslocou o status, substituindo assim a individualidade do homem memorável pela do homem calculável, é o momento em que se tornaram possíveis as ciências do homem (Foucault, 1987, p. 195; *p. 188-189*).

Como vemos, o homem do humanismo já não é o produto de uma mutação epistêmica, de uma mudança na disposição do saber, como em *As palavras e as coisas*, e sim um produto da moderna sociedade de normalização disciplinar.

❖❖❖

O curso de Foucault dos anos 1973-1974 intitula-se *O poder psiquiátrico*. Depois de oferecer algumas indicações de método, como faz em *Vigiar e punir*, a exposição parte também do contraste entre os mecanismos da soberania e os da disciplina. Mas, dessa vez, não encontramos duas cenas, contrapostas e distantes entre si, mas uma: a coroação do rei Jorge III da Inglaterra. Nela, assistimos a uma espécie de destituição do soberano por parte de um médico, Francis Willis, que atua por meio de seus colaboradores: declara-se a ele que não é mais soberano, que precisa ser obediente e dócil; quando tem ataques delirantes ou condutas agressivas, é despido, atirado sobre uma pilha de colchões, lavado com uma esponja, trocam-lhe as vestes... Não se trata do enfrentamento entre dois soberanos, mas da substituição de um poder por outro. Esse poder é "anônimo, sem nome nem rosto", está "dividido entre várias pessoas" e "manifesta-se pelo caráter implacável de um regulamento que nem sequer é formulado, posto que, no fundo, não diz nada" (Foucault,

2003, p. 23; *p. 27-28*). A macrofísica da soberania é substituída pela microfísica disciplinar.

A aula de 21 de novembro de 1973 é inteiramente dedicada à descrição e, sobretudo, à contraposição dessas duas físicas do poder. Explicitando o sentido em que devemos falar de microfísica, Foucault caracteriza o poder disciplinar como

> uma determinada forma de algum modo terminal, capilar, do poder, um último relê; uma determinada modalidade pela qual o poder político, os poderes em geral, vêm, em última instância, tocar os corpos, tomá-los, dar conta dos gestos, dos comportamentos, dos hábitos, das palavras. [...] Dito de outro modo, penso que o poder disciplinar é uma determinada modalidade, específica de nossa sociedade, do que poderia ser chamado de contato sináptico corpo-poder (Foucault, 2003, p. 42; *p. 50-51*).

A cena de Jorge III é a primeira de uma série que marca a exposição de Foucault sobre a história da psiquiatria ao longo do século XIX. Depois, deparamo-nos com outras, como a cena do tratamento moral de François Leuret, na qual se mostra a obrigação que o enfermo tem de ouvir o médico e de aprender o uso imperativo da linguagem ao mesmo tempo que é objeto de ordens e disposições; a imposição de uma vestimenta grotesca e de uma alimentação controlada; a exigência de contar sua vida e reconhecer seu lugar na sociedade. Também a cena da hipnose como técnica reintroduzida na França por Paul Broca, enquanto instrumento para dispor das condutas do enfermo, e as cenas de tratamento da histeria em torno da figura de Jean-Martin Charcot; e, finalmente, as cenas antipsiquiátricas de Joseph Babinski e do divã de Freud, que procuram reduzir ao mínimo as intervenções do médico.

Como em *Vigiar e punir* a respeito da prisão, a tese que vincula todas essas cenas é a necessidade de inscrever o funcionamento do asilo psiquiátrico no século XIX e o saber da psiquiatria nos mecanismos do poder normalizador das disciplinas, inclusive as cenas antipsiquiátricas. Essas últimas, com efeito, apesar de sua luta contra a instituição asilar, de acordo com a análise de Foucault, não foram mais que um estratagema para anular (Babinski) ou transferir (Freud) ao enfermo o poder de produzir a verdade sobre a enfermidade, mas com o médico conservando o poder absoluto sobre a enfermidade, isto é, os poderes do asilo psiquiátrico (Foucault, 2003, p. 349; *p. 450*).

No curso seguinte, o dos anos 1974-1975, intitulado *Os anormais*, coloca-se em jogo a mesma interpretação, mas, dessa vez, em relação ao campo mais específico da psicopatologia. Foucault expõe, com efeito, uma genealogia da anormalidade na época das disciplinas, que começa pela figura do monstro, na qual se manifestam as irregularidades da natureza, passa pelo indivíduo que deve ser corrigido e conclui na do onanista.

No início do curso, detendo-se na análise de alguns relatórios forenses para qualificar o funcionamento do poder, Foucault serve-se da figura de Ubu, o personagem das obras de Alfred Jarry. O ubuesco é apresentado como uma "categoria precisa da análise histórico-política" (Foucault, 1999b, p. 12; *p. 15*), que se refere à maximização dos efeitos de poder, apesar do caráter grotesco e caricatural de quem o exerce (frequentemente, um personagem medíocre, arruinado e inclusive imbecil). O funcionamento da máquina administrativa é, nesse sentido, um exemplo perfeito. Ela nos mostra como o poder pode funcionar situando-se no outro extremo da racionalidade.

A sexualidade: ironia de um dispositivo

> *Nenhuma civilização conheceu uma sexualidade*
> *mais charlatã que a nossa.*
> Foucault, 1994, v. III, p. 90; *v. I, p. 291.*

A problemática filosófica da sexualidade esteve presente desde o início da vida acadêmica de Foucault. Sobre esse tema, com efeito, viu-se obrigado a escrever em seu exame da *agrégation* de 1951. Por essa época, não lhe pareceu um tema adequado para um exame de qualificação profissional no campo da filosofia. De fato, lamentou-se com Canguilhem, um de seus mentores, de ter incluído o tema na *agrégation* (Eribon, 1989, p. 56; *p. 52*). No entanto, antes de empreender o projeto de uma história da sexualidade, que o ocuparia em seus últimos anos, Foucault dedicou dois cursos universitários ao tema: em 1964, na Universidade de Clermont-Ferrand, e em 1969, na Universidade de Vincennes.[22]

Na primeira aula do curso de 1964, *A sexualidade*, Foucault nos oferece um panorama do significado da questão para a cultura ocidental ou, para sermos mais precisos, sobre a maneira como a sexualidade e a cultura ocidental se interrogam e se definem reciprocamente. Segundo sustenta, a sexualidade ocupa, para nós, o lugar que a problemática da imaginação teve nos séculos XVII e XVIII ou o vínculo religioso no pensamento do século XIX, isto é, o lugar em que se entrecruzam o fisiológico e o psicológico, o individual e o social (Foucault, 2018b, p. 22 [23-24]). Nesse sentido, sustenta:

> podemos perguntar-nos se esse isolamento da sexualidade, esse sistema de exclusão em virtude do qual só a percebemos nos limites extremos da nossa civilização, e mais do lado de nosso destino biológico, não é precisamente um efeito da maneira como nossa cultura a aceita e a integra. Em outras palavras, a oposição entre o biológico da sexualidade e a cultura é, sem dúvida, uma das características da civilização ocidental (Foucault, 2018b, p. 4 [3]).

---

[22] Foram publicados conjuntamente; ver Foucault (2018b).

Para determinar o alcance de sua tese, Foucault explicita o sentido das expressões "nossa cultura" e "cultura ocidental". Trata-se – esclarece ele – da cultura europeia moderna, marcada pelo patriarcado e pela monogamia, pelos desequilíbrios entre o homem e a mulher, o marido e a esposa, pelos mecanismos com os quais se procurou compensá-los, pela reivindicação da igualdade e pela desinstitucionalização jurídica da sexualidade, a partir do momento em que a legislação a desaloja do contrato matrimonial.

Contudo, posto que a cultura ocidental e a sexualidade interrogam-se e definem-se reciprocamente, "a denúncia dessa sexualidade, a transgressão de suas proibições mais fundamentais, a revelação do escândalo profundo de seus pequenos escândalos, tudo isso está ligado à crítica da sociedade, de seus valores, de seus modos de pensamento" (Foucault, 2018b, p. 12 [19]).

Para isso, no princípio da Modernidade, Sade liberou a linguagem da sexualidade e suas potências negativas ao vinculá-la a todas as profanações possíveis e a todas as transgressões da moral, da religião e da sociedade.

Depois dessa primeira aula, dedicada à problematização filosófica das relações entre Modernidade e sexualidade, as demais se ocupam do que pode ser considerado um balanço dos conhecimentos da época – da biologia à psicologia e desta à psicanálise – sobre a sexualidade. A partir do momento em que a psicanálise descobre na sexualidade o núcleo de todas as condutas humanas, que somos sujeitos de sexualidade e, ao mesmo tempo, estamos sujeitados a ela, ela pode ser vista como a chave de todas as ciências humanas (Foucault, 2018b, p. 22 [25]).

O curso de 1969, *O discurso da sexualidade*, retoma parte do material exposto em 1964, mas o interesse de Foucault, abrindo já o caminho ao primeiro volume de *História da sexualidade*, consiste agora em mostrar de que modo a sexualidade atravessa, em diferentes níveis, a cientificidade de múltiplos discursos: econômicos, jurídicos, biológicos, psicológicos e literários; definitivamente, durante a Modernidade nos deparamos com uma proliferação de discursos sobre a sexualidade.

❖ ❖ ❖

Como destacamos no início deste capítulo, ao descrever os dispositivos de poder, Foucault põe em jogo uma série de noções com a finalidade de estabelecer se elas se mostram apropriadas para analisar seu funcionamento. Com esse propósito, em *Vigiar e punir*, ocupa-se de mostrar como, nas sociedades modernas, as categorias de lei e soberania, em suma, a concepção jurídica do poder não é suficiente, tampouco adequada para compreender os mecanismos do moderno poder disciplinar. Na prisão, mas também nos hospitais, nas escolas e nas fábricas, essa forma de exercício do poder não funciona a partir da lei, mas da norma. Por isso, tanto a diferença quanto a complementaridade entre lei e norma atravessam essa obra de 1975, da primeira à última página.

Um ano mais tarde, em *A vontade de saber*, o primeiro volume de *História da sexualidade*, coloca em jogo outra das categorias habituais da análise histórico-política: a repressão. A esse respeito, Foucault propõe três perguntas: a repressão sexual é uma evidência histórica? A mecânica do poder nas sociedades modernas é essencialmente da ordem da repressão? E, finalmente, o discurso crítico contra a repressão nos permite evitá-la ou faz parte do mesmo dispositivo? (Foucault, 1986b, p. 18; *p. 13-14*). Com esses questionamentos, não se trata de defender hipóteses simétricas e inversas, mas de reposicionar a hipótese repressiva – hipótese ao mesmo tempo histórica, teórica e política – na "economia geral do discurso sobre o sexo dentro das sociedades modernas a partir do século XVII" (Foucault, 1986b, p. 19; *p. 16*). Não se busca, definitivamente, responder à pergunta sobre se somos ou não uns reprimidos sexuais, mas sobre por que dizemos, com tanta paixão, que o somos.

A resposta de Foucault começa mostrando, em primeiro lugar, que, a partir do século XVII, assistimos a uma ampla proliferação de discursos em torno do sexo: na pastoral cristã católica e reformada, sobretudo na prática da confissão; na literatura escandalosa de finais do século XVIII, como em Sade; nas regulamentações policiais e administrativas; nas instituições pedagógicas; e na medicina. Certamente, essa ampla e dispersa proliferação de discursos em torno do sexo foi possível a partir de uma estrita e minuciosa série de limitações sobre como, com quem e em que circunstâncias falar; no entanto, todas essas restrições funcionaram, ao mesmo tempo, como mecanismos de incitação e produção discursiva. Por isso, sintetiza nosso autor, "o próprio das sociedades modernas não é que condenaram sexo a permanecer na sombra, mas que sempre se dedicaram a falar dele, só que o fazendo valer como um *segredo*" (Foucault, 1986b, p. 49; *p. 36*). Em segundo lugar, mostra-se que essa explosão discursiva dos séculos XVII e XVIII conduziu, a partir do século XIX, a duas grandes modificações em relação ao modelo sexual monogâmico e heterossexual representado pela família. Por um lado, esse modelo continua sendo uma referência, mas se fala cada vez menos dele, e, por outro, começa-se a falar da sexualidade das crianças, dos loucos, dos criminosos, dos que não amam o outro sexo.

Desse modo, ao longo do século XIX, o sexo termina inscrevendo-se no campo do saber com a aparição de uma fisiologia da reprodução e uma medicina da sexualidade, mas com registros diferentes. A primeira se limita a seguir os cânones da normatividade científica; a medicina da sexualidade, por sua vez, responde a uma configuração mais heterogênea. A fim de explicá-la, Foucault opõe dois procedimentos para produzir a verdade acerca do sexo: a *ars erotica* (técnica erótica), em que a verdade se extrai do próprio prazer, e a *scientia sexualis* (ciência sexual), oposta à anterior, que funciona a partir do dispositivo da confissão. A aparição de uma medicina sexual no século XIX foi possível a partir da incorporação desse velho ritual da confissão nos moldes da cientificidade.

❖❖❖

Foucault pratica uma espécie de ceticismo em relação aos universais antropológicos, como a loucura, a delinquência ou a sexualidade, mas isso não significa que essas noções não remetam a nada ou sejam apenas quimeras (Foucault, 1994, v. IV, p. 634; *v. V, p. 237-238*). Não se trata de coisas, e sim, mais precisamente, retomando outro conceito foucaultiano, de realidades transacionais (Foucault, 2004b, p. 301; *p. 404*), que se formam e se modificam pelo jogo de um determinado dispositivo de saber-poder. Nesse sentido, para se referir aos conjuntos estratégicos que se formam em torno do sexo a partir do século XVIII, Foucault fala em dispositivo de sexualidade, definido por quatro conjuntos estratégicos: a histerização do corpo da mulher, a pedagogização do sexo infantil, a socialização econômica e médica da procriação e a psiquiatrização das condutas perversas.

Contudo, justamente porque se trata de uma realidade transacional, não devemos pensar a sexualidade nem como uma força da natureza que o poder trata de reprimir nem como algo obscuro que o saber tenta descobrir (Foucault, 1986b, p. 139; *p. 101*). A sexualidade tomou forma na rede de relações surgidas da incitação à fala, da consequente intensificação dos prazeres, das formas de conhecimento que foram suscitadas e dos controles que foram estabelecidos a respeito. Daí que Foucault conclua *A vontade de saber* afirmando: "Ironia desse dispositivo, faz-nos crer que nele está em jogo nossa 'liberação'" (Foucault, 1986b, p. 211; *p. 149*).

❖❖❖

O interesse de Foucault no dispositivo da confissão remete a localizações múltiplas e a amplos domínios, além das práticas religiosas e da medicina da sexualidade, das instituições pedagógicas, do aparato judicial, da psiquiatria, da psicologia, da psicanálise etc. Em suas palavras, "a confissão foi, e continua sendo ainda hoje, a matriz geral que rege a produção do discurso verdadeiro sobre o sexo" (Foucault, 1986b, p. 84; *p. 62*): "o homem, no Ocidente, converteu-se em um animal que confessa [*bête d'aveu*]" (Foucault, 1986b, p. 80; *p. 59*). Por isso, Foucault debruça-se repetidas vezes, como veremos com maior detalhamento no próximo capítulo, sobre a história, o significado e o alcance do dispositivo confessional.

Assim, o curso de 1974-1975, *Os anormais*, detém-se nos desenvolvimentos da pastoral cristã na época da Reforma e da Contrarreforma a partir do século XVI, para mostrar de que modo, mediante as práticas da confissão e da direção de consciência, o corpo foi desqualificado e culpabilizado como carne, isto é, como corpo atravessado pelo desejo libidinal. Os manuais de confissão e de direção de consciência mostram com clareza como o desejo, e particularmente o desejo sexual, foi alinhavado ao corpo (Foucault, 1999d, p. 175; *p. 238*). Nesses manuais, vê-se a necessidade de rastrear exaustivamente a gênese do desejo sexual, estabelecer como este tomou de assalto o pensamento, determinar os movimentos da vontade que haviam acompanhado essas sensações e esses pensamentos etc. Nesse contexto, Foucault situa a epidemia de possessos e, sobretudo, de possessas do século XVII – a de Loudun, magnificamente estudada por Michel de Certeau, foi sem dúvida das mais impactantes – como uma forma de resistência corporal à pastoral da carne. E mostra que a recorrência à medicina, por parte da Igreja, para afrontar as convulsões dos endemoninhados, pode ser considerada uma das primeiras formas da neurologia moderna.

O governo da população

> *Vivemos na época da governamentalidade.*
> Foucault, 1994, v. III, p. 656; *v. IV, p. 304.*

Na parte final de *A vontade de saber*, intitulada "Direito de morte e poder sobre a vida", Foucault retoma, pela primeira e única vez em seus livros publicados em vida, dois termos que havia introduzido em suas conferências de 1974 no Rio de Janeiro: "biopoder" e "biopolítica". Nessas páginas, ao contrário de no resto do livro, a questão do poder já não é abordada em relação à categoria de repressão, mas sim à de soberania. Com efeito, Foucault começa falando do antigo direito soberano de fazer morrer e deixar viver, de um poder que se exerce de maneira direta sobre a morte e indiretamente, através da morte, sobre a vida. A partir da Época Clássica – defende ele –, ganha forma um poder que funciona de maneira inversa, um poder de fazer viver ou deixar morrer, o biopoder. Com a finalidade de apresentar a novidade introduzida pelo biopoder, Foucault dirá que, se o homem "durante milênios foi o que era para Aristóteles, um animal vivente e, além disso, capaz de uma existência política, o homem moderno é um animal em cuja política está em jogo sua própria vida de ser vivente" (Foucault, 1986b, p. 188; *p. 134*). Enquanto o poder soberano expõe a vida à morte, o biopoder, ao contrário, é exercido de maneira positiva sobre a vida, buscando administrar e aumentar suas forças, para distribuí-las em um campo de valor e utilidade.

Contudo, essa nova forma de exercício do poder se desenvolve em duas direções diferentes e complementares. Por um lado, uma "anátomo-política do corpo humano": as disciplinas, a normalização do corpo dos indivíduos. Por outro, "uma biopolítica das populações": a normalização de sua vida biológica (Foucault, 1986b, p. 183; *p. 131*). A primeira, anatômica e individualizante, ganha forma a partir do século XVII, e a segunda, biológica e orientada à espécie, mais tardiamente, desde meados do século XVIII. A sociedade moderna normalizadora é, a partir dessa perspectiva, "o efeito de uma tecnologia de poder centrada na vida" (Foucault, 1986b, p. 190; *p. 135*). A importância da sexualidade radica em que ela se situa no cruzamento entre a dimensão das disciplinas e a biopolítica e, desse modo, permite articular os dois eixos do biopoder.

Na verdade, as expressões de Foucault a propósito das relações entre o antigo poder soberano e o moderno biopoder, nessa parte final de *A vontade de saber*, dão margem a certa ambiguidade. Às vezes fala de substituição e às vezes de complementaridade entre ambos os poderes. Em todo caso, uma coisa é clara: não se trata de que de repente um tenha desaparecido por completo e o outro ocupado seu lugar; ao contrário, algumas das considerações mais relevantes sobre a relação entre soberania e biopoder dizem respeito, justamente, ao modo como ambos se entrelaçam, por exemplo, a propósito da sexualidade. Nesse sentido, o dispositivo de sexualidade contrapõe-se ao dispositivo de aliança, próprio de uma sociedade centrada nos mecanismos da soberania e, por conseguinte, na questão do sangue, com sua diferenciação de castas, de valor de linhagens, de ordem familiar, de honra de guerra, de suplícios etc. A problemática do dispositivo de sexualidade é outra: saúde, vitalidade do corpo social, utilidade de suas forças. O sangue está do lado da lei, e a sexualidade, do lado da norma (Foucault,

1986b, p. 195; *p. 140*). Apesar disso, a partir da segunda metade do século XIX – defende Foucault –, a questão do sangue foi recuperada para vivificar o dispositivo de sexualidade. Deparamo-nos, assim, por um lado, com o racismo moderno, estatal e biologizante: "O nazismo foi, sem dúvida, a combinação mais ingênua e mais ardilosa – ardilosa porque ingênua – das fantasias do sangue com os paroxismos do poder disciplinar" (Foucault, 1986b, p. 197; *p. 140*). Por outro lado, no extremo oposto do racismo está a psicanálise, que também busca reinscrever a sexualidade nos mecanismos do antigo direito soberano, mas estabelecendo a consanguinidade proibida como lei da sexualidade.

❖❖❖

Em seu extenso percurso pelos dispositivos modernos de poder, além das categorias de soberania e repressão, Foucault põe em jogo os conceitos de luta e guerra, ou seja, a denominada "hipótese Nietzsche". Esse é o eixo do curso dos anos 1975-1976, *Em defesa da sociedade*, contemporâneo de *A vontade de saber*.[23] Esse curso se apresenta como uma genealogia do discurso da guerra de raças, para mostrar que este último, o conceito de raça, não tem nem originária nem necessariamente um sentido biológico. Como em *Vigiar e punir* e em *A vontade de saber*, a problemática da soberania continua presente, mas de uma perspectiva diferente, relacionada às noções de guerra e de luta. Efetivamente, com a noção de soberania tal como aparece no pensamento de Thomas Hobbes,

---

[23] O título original desse curso, *"Il faut défendre la société"*, entre aspas, foi traduzido para o português como *Em defesa da sociedade*. Em nosso entender, as aspas deveriam ter sido mantidas, pois se trata de uma citação, de uma referência àqueles que sustentam que é preciso "defender a sociedade".

buscava-se eliminar a luta de todos contra todos que caracteriza essa situação natural prévia ao surgimento do Estado, o deus mortal que exerce o direito soberano de fazer morrer ou deixar viver. Por isso, Foucault sintetiza a aposta de seu curso dizendo que se trata de reverter a célebre sentença de Carl von Clausewitz, segundo a qual "a guerra é a continuação da política por outros meios", para determinar que a política, o exercício do poder nos moldes da estatalidade, contrariamente ao que defende Hobbes, é "a continuação da guerra por outros meios" (Foucault, 1997a, p. 16; *p. 22*).

Finalmente, em um sentido mais amplo, essa genealogia do discurso da guerra de raças é uma análise da função política do discurso histórico. Durante séculos – defende Foucault –, desde a Antiguidade até o Medievo e inclusive até o século XVII, o relato histórico esteve aparentado aos rituais do poder. Sua função foi contar os direitos do poder (história dos reis e dos poderosos, relato de suas linhagens) e intensificar seus efeitos (história de suas fascinantes proezas e de sua glória). A história era, em poucas palavras, o relato dos exemplos viventes da lei, e sua finalidade, além de reverenciar o soberano, era ligar os súditos a ele e, desse modo, vinculá-los entre si. Desde o final do século XVI e sobretudo a partir do XVII, aparecerá outra forma de discurso histórico, oposto ao anterior: uma contra-história, um discurso de luta. Nesse discurso, a história de uns não é a história dos outros. Nos feitos, um é sempre inimigo de outro, e a história dos vencidos não é a dos vencedores: a dos saxões não é a dos normandos, a dos francos não é a dos gauleses (Foucault, 1997a, p. 61; *p. 80-81*). A história já não é, então, o relato da soberania, mas da raça. Mas o que significa raça nesse contexto? "Um conjunto de indivíduos reunidos por um status, uma sociedade composta por certo número de indivíduos que têm seus costumes, seus usos e suas leis particulares" (Foucault, 1997a, p. 117;

p. 161). Esse novo discurso histórico funde suas raízes na tradição judaico-cristã, não na romana – "está mais perto da Bíblia que de Tito Lívio" (Foucault, 1997a, p. 62; *p. 82*) –, mas isso não significa que pertença apenas ao que a tradição religiosa denomina como "os pobres", o resto; ao contrário, foi utilizado tanto pela aristocracia quanto pela burguesia para lutar contra o poder centralizado das monarquias administrativas.

Foucault se detém especificamente nas múltiplas transformações que teve o discurso da guerra de raças: em seu momento constitutivo, pelo menos em relação à historiografia francesa, representado por Henri de Boulainvilliers (1658-1722); em suas modificações na época da Revolução, por meio das quais se buscou disciplinar o contradiscurso histórico em favor do Estado; na aparição de um duplo registro do relato da guerra de raças no século XIX: a luta de classes e o enfrentamento biológico; e, finalmente, na função do discurso da guerra de raças no racismo do século XX, nas experiências nazista e soviética.

Sobre o totalitarismo do século XX, a interpretação coincide, em termos gerais, com a que encontramos em *A vontade de saber*; no caso do nazismo, este foi possível a partir do biopoder. Na medida em que seus mecanismos são utilizados para exercer o direito soberano de fazer morrer ou de deixar viver, a biopolítica se converte em uma necropolítica, em uma política de morte (Foucault, 1997a, p. 228; *p. 305-306*). Por isso, a intenção de Foucault, em *Em defesa da sociedade*, é mostrar a importância que o conceito de guerra de raças teve a partir do momento em que, com as teorias evolucionistas e da degeneração da espécie, o conceito de raça adquiriu um sentido biológico. A função de morte do direito soberano não está mais dirigida simplesmente ao inimigo político, mas sim ao biológico. A destruição das outras raças, no entanto, é apenas um dos objetivos do racismo; o outro é a regeneração da própria raça, para o que é necessário expô-la à morte. Em resumo, nosso autor sustenta que o racismo moderno não é nem "uma velha tradição" nem uma "nova ideologia", e sim "uma tecnologia do poder" (Foucault, 1997a, p. 230; *p. 309*) na qual se conjugam o velho direito soberano, os mecanismos modernos do biopoder e o discurso da guerra de raças.

Mas, na experiência política nazista, segundo Foucault, o racismo tem um sentido próprio e fundamentalmente étnico; nos Estados socialistas, como a União Soviética, deparamo-nos com um racismo também biológico, mas de tipo evolucionista, a propósito dos doentes mentais, dos criminosos e também dos adversários políticos. Nesse sentido, quando o socialismo insistiu na transformação das condições econômicas como condição para passar do Estado capitalista ao Estado socialista, não recorreu ao racismo, mas o fez quando se orientou ao conceito de luta contra o inimigo como enfrentamento físico com a classe capitalista (Foucault, 1997a, p. 233-234; *p. 313-314*).

❖❖❖

Em 1977, Foucault não ministrou aulas no Collège de France, mas esse ano sabático foi politicamente intenso, sobretudo a propósito do caso Klaus Croissant.[24]

---

[24] Sendo advogado de alguns militantes detidos da Fração do Exército Vermelho (Rote Armee Fraktion), organização terrorista revolucionária que operava na Alemanha Ocidental, Croissant é acusado de colaborar em ações terroristas por facilitar a comunicação entre seus defendidos e a organização terrorista. Foge para a França, onde solicita asilo político, mas é detido e finalmente expulso, em novembro de 1977. Foucault manifesta-se de forma reiterada e enfática contra as decisões dos tribunais franceses e das autoridades alemãs. Mas tais protestos não são um apoio nem a Andreas Baader, chefe da Fração, nem ao seu grupo, mas sim a rejeição das limitações do que Foucault denomina "direito dos governados", um direito "historicamente mais

Quando, em janeiro de 1978, retoma suas aulas, volta à questão do biopoder e intitula o curso daquele ano de *Segurança, território, população.* A nosso ver, por várias razões, esse curso adquire uma importância capital em seu pensamento. Por um lado, oferece-nos uma nova interpretação das relações históricas dos diferentes dispositivos de poder, mais ordenada e sem as ambiguidades que o vocabulário utilizado em seus trabalhos anteriores podia suscitar. Por outro lado, introduz a noção de dispositivos de segurança em relação à biopolítica, e a diferenciação entre normação e normalização. E, finalmente, pode-se acompanhar a guinada do pensamento do autor em direção à questão do governo e da governamentalidade. Seria possível dizer que em determinado momento produz-se um giro – inclusive, uma ruptura – na exposição, especificamente com a mudança de tema a partir da aula de 8 de fevereiro de 1978. Foucault vinha falando das problemáticas da população e do território no século XVIII, das concepções econômicas dos fisiocratas e do mercantilismo, e, de repente, em relação à noção de governo, introduz-se a problemática do poder pastoral no pensamento grego e nas práticas cristãs. As últimas aulas do curso se voltam à análise da política moderna nos séculos XVII e XVIII, mas agora a partir da ideia de governamentalidade, opondo a governamentalidade política à econômica.

---

determinado do que os direitos do homem" (Foucault, 1994, v. III, p. 362). Nesse caso concreto, o direito a contar com advogados para se defender em um julgamento. De fato, ao denunciar ou encarcerar 70 de seus representantes legais, a Alemanha nega esse direito aos membros da Fração. Por sua vez, diferentemente de Deleuze, Foucault se expressa de modo explícito e claro contra o uso da violência pela Fração do Exército Vermelho na Alemanha. A partir desse episódio, a distância entre ambos seria cada vez maior.

Como recém-destacado, esse curso oferece uma nova leitura das relações históricas entre os diferentes dispositivos do poder. Foucault esclarece que não se trata de identificá-los com determinadas épocas históricas, como se houvesse uma época arcaica, a da soberania; outra moderna, a das disciplinas; e outra contemporânea, a da segurança e da biopolítica. Historicamente, não há uma sucessão desses diferentes dispositivos, mas sim uma simultaneidade. O que muda de uma época a outra é o modo como essas formas de exercício do poder se relacionam entre si e, no contexto desse jogo, qual desses dispositivos cumpre a função dominante (Foucault, 2004c, p. 10; *p. 11*). Os dispositivos disciplinares e os de segurança, definitivamente, sempre existiram, não são exclusivos da Modernidade. Entretanto, por razões políticas e econômicas, na Modernidade adquirem maior relevância, ao se estenderem por toda a sociedade. Com efeito, os dispositivos disciplinares e biopolíticos se convertem nas novas técnicas políticas, necessárias para governar as multiplicidades urbanas e ajustá-las à dinâmica de produção e consumo de uma sociedade industrial e capitalista; mas isso não significa que o dispositivo soberano tenha deixado de funcionar.

Nesse quadro historicamente mais complexo que o da simples sucessão linear, para descrever o funcionamento da biopolítica, Foucault se serve do conceito de dispositivo de segurança. Como em *Vigiar e punir* a propósito da disciplina, também utiliza o termo "segurança" com um sentido muito preciso, que se define a partir de quatro elementos: o meio, a aleatoriedade, a normalização e a população. O meio é o conjunto de elementos naturais (como os rios, as colinas, a vegetação, a fauna etc.) e artificiais (como as aglomerações humanas ou as estradas) e as interações que se produzem entre eles em razão da circulação de homens, animais e coisas, com as ameaças e os perigos que isso traz (Foucault, 2004c,

p. 22-23; *p. 27-28*). Os dispositivos de segurança ocupam-se, em resumo, de fenômenos de massa, em série, de longa duração. Daí a importância que, no desenvolvimento desses dispositivos, teve o que no século XVIII se denominava "ciência da polícia", isto é, a estatística. Contudo, na medida em que se trata de administrar esse conjunto e seus efeitos, os dispositivos de segurança devem funcionar levando em conta a aleatoriedade dos acontecimentos futuros. Ao contrário do que ocorre nas disciplinas, não se trata de adaptar os acontecimentos a uma norma estabelecida antes, mas de seguir as tendências gerais que eles descrevem. Desse modo, ao passo em que, no caso das disciplinas, a norma é anterior e externa, no dos dispositivos de segurança, ao contrário, é intrínseca. Para distinguir essas duas maneiras de se relacionar com o normal, Foucault propõe reservar o termo "normalização" para os dispositivos de segurança, e o termo "normação" para as disciplinas (Foucault, 2004c, p. 65; *p. 76*). Finalmente, o quarto elemento que conforma os dispositivos de segurança é a população. Esta não se define nem como a multiplicidade de sujeitos jurídicos, dos quais se ocupa a soberania, nem como a multiplicidade de corpos individuais, objeto das disciplinas, mas como uma multiplicidade de indivíduos "que estão e que só existem profunda, essencial e biologicamente ligados à materialidade dentro da qual existem" (Foucault, 2004c, p. 23; *p. 28*).

Com os dispositivos de segurança, em resumo,

> não se trata de adotar o ponto de vista nem do que está permitido nem do que é obrigatório, mas de tomar distância para captar o ponto no qual as coisas se produzirão, sejam desejáveis ou não; isto é, trata-se de compreendê-las no nível de sua natureza ou de tomá-las em sua realidade efetiva [...]. O mecanismo de segurança funcionará a partir dessa realidade, tentando apoiar-se nela e fazê-la intervir, colocar

em jogo os elementos, cada um em relação com os demais. [...] Essa regulação no elemento da realidade é, acredito, a função fundamental dos dispositivos de segurança (Foucault, 2004c, p. 48; *p. 61*).

Desse ponto de vista, governar consiste em conduzir condutas, isto é, em colocar em marcha um conjunto de ações sobre ações possíveis: incitando-as, induzindo-as, desviando-as, facilitando-as ou dificultando-as, tornando-as mais ou menos prováveis (Foucault, 1994, v. IV, p. 237; *v. IX, p. 133-134*); no limite, também proibindo-as, mas levando sempre em conta a liberdade (as múltiplas ações possíveis) daqueles a quem se procura conduzir e sua capacidade de agir sobre aqueles que os conduzem.

❖❖❖

Junto à formação dos dispositivos de segurança surge esse novo personagem político que é a população. Certamente, não é a primeira vez que nos deparamos com esse termo ou esse conceito no pensamento político, como provam as numerosas considerações sobre a importância política da relação entre a população e o território. Um território despovoado, efetivamente, não tem o mesmo significado político que um habitado. Não se trata, por isso, de uma novidade em sentido absoluto. A novidade responde, mais exatamente, à forma que a população assume nos moldes dos dispositivos de segurança. Neles a população aparece, por um lado, em sua dimensão biológica, em sua naturalidade: suas variações em relação ao clima e à geografia, suas taxas de crescimento e mortalidade, os desejos que movem seus comportamentos etc. E, por outro, em sua dimensão pública: as opiniões, os comportamentos, os hábitos, as convicções etc. A população, esse novo personagem político, é justamente o que se estende do enraizamento biológico da espécie humana até essa dimensão pública dos comportamentos coletivos (Foucault, 2004c, p. 77; *p. 98-99*).

Contudo, nessa perspectiva, diferentemente do que era sustentado em *As palavras e as coisas*, já não há que buscar o lugar de nascimento das ciências humanas em uma mutação epistêmica, tampouco, como se defendia em *Vigiar e punir*, nos mecanismos da individualização disciplinar, mas na emergência desse novo conceito de população e da nova realidade que esta constitui. O homem das ciências humanas e do humanismo do século XIX (o homem como ser vivente, indivíduo que trabalha e sujeito que fala) é — segundo afirma agora nosso autor — uma "figura da população" (Foucault, 2004c, p. 81; *p. 103*).

❖❖❖

A análise dos dispositivos de segurança e da problemática moderna da população conduz Foucault à questão do governo e à da governamentalidade. Quanto mais se falava de população — defende ele —, mais se falava de governo e menos de soberano (Foucault, 2004c, p. 77; *p. 99*). Nesse contexto, a governamentalidade define-se pelo conjunto de instituições, cálculos e táticas que têm "como objetivo principal o governo da população; como forma maior, a economia política e, como instrumento técnico essencial, os dispositivos de segurança" (Foucault, 2004c, p. 111; *p. 143*). Para Foucault, as primeiras formulações dessa nova governamentalidade política, contemporâneas do surgimento da racionalidade científica moderna, encontram-se no gênero denominado "artes do governar" (cultivado, entre outros, por Guillaume de La Perrière e François de La Mothe Le Vayer). O propósito geral de toda essa literatura é abordar as maneiras de exercer o poder "sob a forma e o modelo da economia" (Foucault, 2004c, p. 98; *p. 127*). Às primeiras elaborações do cameralismo, os movimentos que buscavam articular uma prática econômica nos moldes estritos da soberania estatal, e do mercantilismo, seguirão então a razão de Estado e o liberalismo.

No que concerne à razão de Estado, que é analisada de modo particular em *Segurança, território, população*, o fortalecimento do poder estatal define-se a partir de dois eixos fundamentais: o desenvolvimento de um novo aparato diplomático-militar para ocupar-se da política exterior, e o da polícia, para a política interna. Por um lado, a guerra se converte em uma questão de equilíbrio entre Estados, surgem os exércitos profissionais e estabelece-se uma diplomacia que procura regular as relações jurídicas. Por outro lado, de acordo com o que na época se chamava "polícia", ganha forma um aparato governamental de caráter administrativo para cuidar da educação das crianças e dos jovens, da saúde pública, das regras do comércio, das estradas e da urbanização etc. O objeto da polícia, tal como descrito por Giovanni Botero ou Johann von Justi, é a vida dos cidadãos ou, com maior exatidão, sua regulamentação.

O liberalismo surge precisamente como uma reação ou uma transformação – Foucault serve-se dos dois conceitos – da governamentalidade política da razão de Estado, que teve lugar no século XVIII e a partir da economia política. A preocupação fundamental do liberalismo já não é regulamentar a vida dos cidadãos, mas, ao contrário, limitar o exercício do poder estatal a partir da própria prática de governo, internamente, sem recorrer aos mecanismos do direito. Para a racionalidade econômica liberal, a função essencial do Estado consiste em "garantir a segurança desses fenômenos naturais que são os processos econômicos ou os processos intrínsecos da população" (Foucault, 2004c, p. 361; *p. 474*). Nesse sentido, a época do liberalismo não é a época da liberdade, mas a da segurança.

❖❖❖

No curso seguinte, de 1978-1979, intitulado *Nascimento da biopolítica*, Foucault se volta extensamente ao liberalismo. Trata-se, de fato, de uma história do liberalismo e, sobretudo, do neoliberalismo (entre outros, da Escola de Friburgo, da Escola de Chicago, da teoria do capital humano). A hipótese que guia o curso sustenta que, para compreender a biopolítica, é necessário estudar o quadro geral da racionalidade política do liberalismo (Foucault, 2004b, p. 24; *p. 30*), porque este não se reduz a uma teoria econômica, mas é, principalmente, uma concepção político-antropológica.

Como concepção política, seu núcleo é constituído pela determinação das formas de autolimitação do exercício do poder do Estado. Os liberais clássicos do século XVIII tinham encontrado no mercado o mecanismo que lhes permitia estabelecer quando se governava em demasia, isto é, excessivamente, produzindo efeitos contrários aos procurados. Por isso puseram o Estado sob a tutela do mercado. Nesse sentido, para Foucault, o mercado constitui um dispositivo de veridicção que funciona na medida em que se supõe que seus mecanismos sejam, de alguma maneira, naturais e tenham leis próprias. Para os neoliberais, ao contrário, o dispositivo de veridicção já não é o mercado (cuja espontaneidade natural é até colocada em dúvida por alguns deles), e sim a empresa. O objetivo do neoliberalismo é que a trama da sociedade tenha a forma da empresa. O princípio regulador de autolimitação da ação governamental, então, já não é a racionalidade que emerge das formas de intercâmbio, mas sim a que emerge do exercício da competitividade, isto é, do cálculo de custos e benefícios.

Contudo, como concepção antropológica e contrapartida da busca de autolimitação do poder do Estado, a preocupação fundamental do liberalismo é estabelecer as formas não estatais de governabilidade do homem. Aqui também, diferentemente do que ocorre no liberalismo clássico, para o neoliberalismo o homem "que se pretende reconstituir não é o homem do intercâmbio, não é o homem consumidor, e sim o homem da empresa e da produção" (Foucault, 2004b, p. 152; *p. 201*). Foucault mostra como, nas teorias do capital humano, é aplicado o princípio de racionalidade empresarial à análise das condutas dos indivíduos e da população. De modo que, nesse quadro, toda conduta – racional ou irracional – que responda de maneira sistemática às modificações variáveis do meio converte-se em objeto da economia (Foucault, 2004b, p. 273; *p. 368*). O homem econômico, o que estuda a economia, é, então, o homem eminentemente governável, isto é, aquele que agindo livremente inscreve-se, por meio de seus comportamentos, em uma curva estatística.

❖❖❖

Assim como em trabalhos anteriores, em *Nascimento da biopolítica* Foucault retoma a questão do nazismo. Nesse caso, a propósito da análise do neoliberalismo alemão da Escola de Friburgo e em torno da figura de Ludwig Erhard. Mas a interpretação que nos oferece não coincide exatamente com a que havia defendido em *A vontade de saber*, em *Em defesa da sociedade* e também na conferência de 1974, "O nascimento da medicina social". Com efeito, ali apresentava o nazismo como uma "reordenação eugenista da sociedade, com o que ela era capaz de comportar de extensão e de intensificação dos micropoderes, sob a cobertura de uma *estatização ilimitada*" (Foucault, 1986b, p. 197; *p. 140*, grifos nossos). Agora, a partir da noção de governamentalidade, Foucault esboça uma resposta diferente: a especificidade do nazismo consiste no que pode ser denominado de uma *governamentalidade de partido*:

> Esse Estado que podemos chamar de totalitário, longe de caracterizar-se *pela intensificação e extensão endógena dos mecanismos do Estado*, esse Estado totalitário não

é a exaltação do Estado, mas constitui, ao contrário, uma limitação, uma diminuição, uma subordinação da autonomia do Estado, de sua especificidade e de seu funcionamento próprio. Em relação a quê? Em relação a essa outra coisa que é o partido. [...] Não se deve buscar o princípio [do Estado totalitário] na governamentalidade estatizante ou estatizada que vemos nascer nos séculos XVII e XVIII; deve-se buscá-lo do lado de uma governamentalidade não estatal, precisamente no que se poderia chamar uma governamentalidade de partido (Foucault, 2004b, p. 196; *p. 263-264*, grifos nossos).

Em resumo, a mecânica do totalitarismo não responde à lógica de mais Estado, mas à de menos Estado, isto é, à subordinação deste ao partido e, por meio do partido, ao seu líder.

Essa nova interpretação do nazismo a partir da noção de governamentalidade inscreve-se no quadro geral da crítica de Foucault ao que denomina "fobia de Estado", pela qual assistimos a uma supervalorização deste. Contra ela, Foucault propõe considerar o Estado como um instrumento do governo, como uma prática ou como uma "peripécia da governamentalidade" (Foucault, 2004c, p. 253; *p. 331*). Busca-se, desse modo, abandonar as análises que estabelecem uma linha genética contínua que vai do Estado administrativo do século XVII ao Estado totalitário do século XX, passando pelo Estado de bem--estar, o Estado burocrático e o Estado fascista.

❖❖❖

Como já assinalamos, não encontramos em Foucault nenhuma teoria geral sobre o poder. Entre outras razões, porque não se propôs a responder à pergunta "O que é o poder?", mas sim a analisar suas formas de exercício. Sobre a biopolítica, além disso, não só não há uma teoria geral, como suas investigações sobre o tema têm um caráter, ao mesmo tempo, menos acabado e mais amplo que as dedicadas às disciplinas. Em parte, como também destacamos, porque não existe nenhum livro que corresponda aos seus cursos biopolíticos, e em parte porque Foucault buscou diferentes vias de acesso ao estudo das formas de governo da população: o surgimento da medicina social, o direito soberano, as transformações do discurso histórico, as noções de guerra e luta e, finalmente, o desenvolvimento da economia política. Além dessas múltiplas elaborações sobre o tema, fica claro que, segundo suas palavras, "o modo de relação próprio do poder não deveria ser buscado, então, do lado da violência e da luta nem do lado do contrato ou do nexo voluntário (que no máximo podem ser apenas instrumentos), mas do lado desse modo de ação singular, nem guerreiro nem jurídico, que é o governo" (Foucault, 1994, v. IV, p. 237; v. IX, p. 133-134).

Contudo, é possível dizer que, apesar do caráter menos acabado de suas pesquisas sobre a biopolítica, estas tiveram, no desenvolvimento do pensamento de Foucault, um peso decisivo. A partir de seus cursos biopolíticos, como veremos no capítulo seguinte, suas investigações orientam-se em uma nova direção.

Capítulo 5
Uma genealogia do sujeito

Desde seus primeiros trabalhos, a Modernidade foi o território no qual se situaram as pesquisas foucaultianas. As análises do poder, no entanto, já no início da década de 1970, mas principalmente na de 1980, conduziram-no à Antiguidade grega e romana, assim como aos primeiros séculos do cristianismo. Uma genealogia do sujeito moderno tornava necessário remontar a essas épocas. Efetivamente, a sexualidade moderna não pode ser compreendida se não o for da perspectiva, ao mesmo tempo, de continuidade e ruptura, com a experiência da carne dos cristãos e com a inquietude pelos prazeres dos antigos. Contudo, seja na ordem da sexualidade, seja na da carne ou dos prazeres, o sujeito não se constitui apenas como um sujeito para os outros, mas também para si mesmo. Essa relação consigo mesmo, atravessada pela figura do outro, Foucault denomina ética. Nela, a sexualidade, o desejo e os prazeres aparecem como matéria de uso, de obrigação e de problematização. Sobre esses temas Foucault interroga os antigos e também os Pais da Igreja, consulta seus códigos e manuais de conduta. Em sua análise, emerge uma questão crucial entrelaçada ao problema do desejo e da lei, que percorre de um extremo ao outro a cultura ocidental: a confissão. O homem ocidental é um animal de confissão, que verte sua experiência em palavras dirigidas a outro procurando obter a verdade sobre si mesmo. Mas essa verdade sobre si também pode articular-se com uma ética dos prazeres, como ensinavam os antigos, ou expressar-se como manifestação da liberdade. Essa será a questão da parrésia, o risco da "fala franca" de que tratam os últimos trabalhos de Michel Foucault.

Nas pesquisas foucaultianas da década de 1980, seus cursos e livros, encontramos duas grandes linhas de trabalho: por um lado, a genealogia do poder pastoral e das práticas de subjetivação do cristianismo dos primeiros séculos (em particular, a obrigação de dizer a verdade sobre si mesmo) e, por outro, o estudo das formas do cuidado de si e da parrésia (a coragem do dizer verdadeiro) na Antiguidade greco-romana. A propósito desses temas, Foucault percorre a contracorrente, embora nem sempre de maneira linear, o curso da história: vai da Modernidade aos primeiros séculos do cristianismo e destes à Antiguidade clássica. Partindo dessa perspectiva, Foucault reformula também o projeto de *História da sexualidade*.

É necessário ter em conta que esse deslocamento em direção à Antiguidade e ao cristianismo não significa um abandono da problemática da Modernidade, que dominou até essa época seus trabalhos. Ao contrário, Foucault busca levar a cabo, a partir dos autores da Antiguidade e dos Pais da Igreja, uma genealogia da subjetividade moderna, para estabelecer quais foram suas condições históricas de possibilidade. Por isso, nos escritos dessa época, Foucault não deixa de apontar ao presente e vincular os temas abordados com suas projeções modernas.

Como sucedia com *Vigiar e punir* e com *A vontade de saber*, os temas dos livros reaparecem em seus cursos dessa época. Por exemplo, os de *As confissões da carne* em *Do governo dos vivos* (1980); os de *O uso dos prazeres* e de *O cuidado de si* em *Subjetividade e verdade* (1981) e *A hermenêutica do sujeito* (1982). Mas nenhum de seus livros publicados em vida aborda o tema da parrésia, de que tratam seus últimos cursos no Collège de France, *O governo de si e dos outros* (1983) e *A coragem da verdade* (1984). Como já destacamos, Foucault não percorre de maneira linear o caminho a contracorrente em direção à Antiguidade cristã e clássica; mais precisamente, não deixa de retomar e reelaborar temas e problemas. Apesar das sobreposições e repetições, às vezes inevitáveis, já que introduz nuances e aprofunda questões, procuraremos oferecer uma visão de conjunto dessa última etapa do pensamento foucaultiano. Nós nos ocuparemos, em primeiro lugar, do poder pastoral, em cujo quadro foram elaboradas as práticas do dizer-a-verdade sobre si mesmo, de maneira obrigatória e ritual, vinculando-as à problematização do desejo, e, em segundo lugar, da época do cuidado de si mesmo, particularmente em relação ao uso dos prazeres e do dizer veraz e franco da parrésia. A reformulação do plano de *História da sexualidade* nos servirá para articular esses dois momentos.

O poder pastoral

Os cursos biopolíticos dos quais nos ocupamos no capítulo anterior (*Em defesa da sociedade*; *Segurança, território, população* e *Nascimento da biopolítica*) podem ser considerados, em seu conjunto, uma genealogia da racionalidade política moderna, na qual Foucault mostra como o poder transcende os limites do dispositivo soberano. Com efeito, o poder moderno, inclusive no quadro da estatalidade, não se reduz aos mecanismos jurídicos por meio dos quais a lei é formulada e aplicada. Exerce-se também por meio dos dispositivos disciplinares e de segurança que definem os dois eixos do biopoder. Retomando uma fórmula clássica, poder-se-ia dizer que o poder não consiste simplesmente em reinar, em estabelecer leis gerais, expressão de uma vontade soberana; mas também, ao mesmo tempo, em governar, em conduzir as condutas dos indivíduos e da população em relação a determinados discursos verdadeiros (por exemplo, os saberes das ciências humanas ou o saber econômico).

Nos primórdios da Modernidade, com o fim do feudalismo e o abandono do ideal do Sacro Império, a Reforma protestante e a chamada Contrarreforma católica puseram em ação uma reativação profunda das técnicas com as quais os pastores conduziam seus fiéis, isto é, as técnicas do poder pastoral. Estas constituem, para Foucault, um prelúdio da governamentalidade moderna, foram sua condição histórica de possibilidade. Isso não significa, porém, que a passagem do governo das almas ao governo dos corpos, do poder pastoral à governamentalidade moderna, deva ser interpretada como uma transferência "global e massiva" (Foucault, 2004c, p. 235; *p. 307*) do poder da Igreja e de suas técnicas de governo dos homens ao Estado e à sociedade. Trata-se de um processo muito mais complexo, no qual a apropriação dessas técnicas é acompanhada por modificações por meio das quais, em um primeiro momento, na época da razão de Estado, nos séculos XVII e XVIII, os procedimentos do poder pastoral começam a se integrar às estruturas jurídicas da estatalidade moderna. Ao longo desse processo, ganhou forma um poder político que é, ao mesmo tempo, totalizante e individualizante, que reina e governa, legisla e conduz, e, por isso, exerce-se sobre todos e sobre cada um, ou, segundo uma expressão latina retomada por Foucault, *omnes et singulatim* (Foucault, 1994, v. IV, p. 134; *v. IV, p. 355*).

❖❖❖

Nem o poder pastoral nem a governamentalidade – é necessário destacar, e Foucault não deixa de fazê-lo – deixaram de suscitar contracondutas que, estritamente falando, não constituem uma simples rejeição ao fato de ser governado, mas um questionamento do modo como era feito e uma demanda para que fosse feito de outro modo. De fato, Foucault dedica a aula de 1º de março de 1978, do curso *Segurança, território, população*, à análise dessas contracondutas (Foucault, 2004c, p. 195-219; *p. 253-303*). Em relação ao pastorado cristão, enumera o ascetismo que recusa a presença autoritária do outro na relação consigo mesmo; as experiências comunitárias, que negam a divisão binária entre os que dirigem e os que são dirigidos, isto é, negam a autoridade do pastor; a mística, cujas experiências não podem ser enquadradas nos mecanismos do poder pastoral; a interpretação pessoal da Bíblia, sem mediação doutrinal; e os movimentos esperançosos na chegada escatológica de um verdadeiro pastor. Os objetores de consciência, as sociedades secretas ou as resistências à medicalização, por sua vez, constituem formas de contraconduta em relação à governamentalidade política moderna.

Essas contracondutas, apesar do que pode sugerir o termo, não são uma mera reação perante as formas da governamentalidade pastoral. De um ponto de vista histórico, pelo menos às vezes foi exatamente o oposto. As formas de pastoralização – as práticas pelas quais eventualmente se fortaleceu a autoridade da hierarquia eclesiástica – foram uma resposta às contracondutas, como se deu nos primeiros séculos do cristianismo em relação aos movimentos gnósticos. Por outro lado, de um ponto de vista teórico, para Foucault, as relações de poder requerem contracondutas para funcionar. Sem resistência, com efeito, as relações de poder tornam-se relações de dominação (Foucault, 1994, v. IV, p. 720; *v. V, p. 276-277*).

❖ ❖ ❖

Como vimos a propósito, por exemplo, de *A questão antropológica* e de sua tese secundária de doutorado, nos escritos foucaultianos a noção de crítica aparece vinculada à figura de Kant e, desse modo, termina inscrevendo-se no quadro histórico do Iluminismo (*Aufklärung*), a renovação filosófica e política de fins do século XVIII. Em uma conferência de 1978, *O que é a crítica?*, Foucault elabora, porém, uma noção de crítica relacionada ao processo de pastoralização da Modernidade e, por isso, retroage a crítica e a atitude crítica modernas até o século XVI. Nesse contexto, define-as como "a arte de não sermos tão governados" (Foucault, 2015b, p. 37), como "indocilidade reflexiva" (Foucault, 2015b, p. 39). "A crítica teria essencialmente por função a não sujeição no jogo do que poderíamos chamar, em uma palavra, de política da verdade" (Foucault, 2015b, p. 39). A partir do século XVI, com efeito, essa forma da crítica, que teve múltiplos pontos de ancoragem (o direito, a Sagrada Escritura, a ciência, a natureza e a relação consigo mesmo), interroga a verdade sobre seus efeitos de poder.

❖❖❖

Ora, partindo da análise da governamentalidade e das contracondutas modernas, Foucault interessa-se pelo modo como tomou forma e se transformou a prática de governar pastoralmente aos homens, de conduzir suas condutas mediante a produção de discursos verdadeiros. Para esclarecer o conceito de poder pastoral, serve-se da contraposição (na qual está conceitualmente em jogo a distinção entre reinar e governar à qual aludimos) entre essas duas concepções do poder que se expressam, por um lado, na imagem grega do político como um navegante e, por outro, na imagem judaico-cristã do pastor.

O político dos gregos exerce o poder sobre um território e estabelece as leis que devem perdurar após sua desaparição. A finalidade que persegue como político é a honra, sobretudo após sua morte. Essa figura encontra sua formulação clássica na imagem do timoneiro e da embarcação, na qual o timão serve para exemplificar a função da lei. À maneira do timoneiro que move o timão para definir o rumo da embarcação como um todo, o político conduz a cidade por meio das leis. O pastor judaico-cristão, ao contrário, não exerce seu poder sobre um território, mas sim sobre um rebanho: reúne indivíduos espargidos, que sem ele se dispersariam; o pastor é capaz de abandonar seu rebanho para sair em busca da ovelha perdida e dá a própria vida em favor de cada uma delas (Foucault, 2018a, p. 384-389; *p. 406-412*). Apesar de ser exercido sobre um rebanho, o poder do pastor é, sobretudo, individualizante. Sua função requer o conhecimento de cada uma das ovelhas e reclama sua entrega em favor de cada uma. Por isso, apesar das conotações implícitas na ideia de rebanho, não se trata de um poder que apenas congrega, de caráter exclusivamente gregário, mas de um poder que pode reunir o rebanho à medida que individualiza.

A imagem do timoneiro e da embarcação domina as representações políticas da Antiguidade grega e latina (governar, além disso, remete, em sua etimologia em grego, a navegar); no entanto, a ideia de um poder que se exerce segundo a modalidade de um pastor que conduz suas ovelhas não é uma imagem desconhecida para o mundo grego. Está presente em Homero, que fala do rei como pastor dos povos, e na tradição pitagórica, que estabelece uma relação etimológica entre as palavras "lei" (*nomos*) e "pastor" (*nomeus*). Mas, no primeiro caso, trata-se de uma imagem da época arcaica e, no segundo, de uma tradição marginal (Foucault, 2004c, p. 140-143; *p. 182-183*).

Na verdade, em *O político*, Platão pergunta-se se é possível definir o político como pastor dos homens. Em um primeiro momento do diálogo, ter-se-ia a impressão de que o político é uma espécie de pastor, como o médico ou o professor; mas em seguida, a partir do mito do mundo que começa a girar em sentido contrário, finalmente abandona-se esta primeira aproximação ao problema, uma vez que, precisamente de modo diferente dos pastores que se ocupam dos homens de forma individual, o político faz isso apenas de forma coletiva e em seu conjunto. Para Platão, a fim de definir a função do político, a arte apropriada é a de tecer. Pois sua função consiste em tramar a urdidura da *polis* mediante leis, estabelecidas a partir de seu conhecimento do imutável.

Ao contrário, nas tradições orientais, em particular a hebraica, é frequente a imagem do pastor como representação de poder. Mas o poder pastoral, segundo Foucault, é uma modalidade de governo que toma forma logo após o cristianismo, a partir desses elementos das tradições hebraica e oriental e também de certas técnicas de vida da tradição grega, em especial, da filosofia da época helenística. O poder pastoral é originariamente uma prática própria das comunidades monásticas, com um importante desenvolvimento na literatura cristã dos primeiros séculos. Retomando as expressões de Foucault, o cristianismo articulou todos os elementos e temas "do poder pastoral em mecanismos precisos e em instituições bem definidas"; foi ele que "realmente organizou um poder pastoral específico e autônomo" (Foucault, 2004c, p. 133-134; *p. 174*). Em resumo, o poder pastoral é "um poder de origem religiosa, [...] que pretende conduzir e dirigir os homens ao longo de sua vida e em cada uma das circunstâncias dessa vida, um poder que consiste em querer cuidar da existência dos homens em seus detalhes e em seu desenvolvimento, desde o nascimento até a morte, e isso para obrigá-los a se comportar de uma determinada maneira para que alcancem sua salvação" (Foucault, 1994, v. III, p. 548; *v. V, p. 52*).

Dizer a verdade sobre si mesmo

> *Não apenas se requer simplesmente obedecer,*
> *mas também manifestar, enunciando-o, o que se é.*
> Foucault, 1994, v. IV, p. 125; *1997c, p. 101.*

Por certo, a obrigação de dizer a verdade sobre si mesmo por parte dos que devem ser conduzidos foi uma das técnicas fundamentais do exercício do poder pastoral. Com efeito, o cristianismo – defende Foucault – "é uma confissão [...] pertence a um tipo de religião muito particular, as religiões que impõem àqueles que as praticam uma obrigação de verdade" (Foucault, 2013c, p. 64). O dispositivo da confissão é, sem dúvida, um dos exemplos mais paradigmáticos, e devemos entendê-lo – em um sentido amplo que não se reduz a suas formas modernas – como essa obrigação, segundo determinados ritos, de dizer a verdade sobre si mesmo.

Como destacamos no capítulo anterior, Foucault havia se ocupado desse dispositivo em seu curso *Os anormais* e em *A vontade de saber*. Em ambos, porém, concentra-se principalmente na história moderna da confissão a partir do século XVI. Mas agora, em seus trabalhos da década de 1980 sobre o poder pastoral, retoma o tema em um quadro histórico muito mais amplo. No seu curso de 1980, *Do governo dos vivos*, estende a análise da obrigação de dizer a verdade sobre si mesmo até os primeiros séculos do cristianismo, particularmente a propósito da institucionalização do monacato, e até a Antiguidade clássica. Aborda esses temas também na primeira parte de *As confissões da carne*. E, em 1981, em um curso na Universidade Católica de Lovaina, *Malfazer, dizer verdadeiro*, não apenas retoma esses desenvolvimentos como estende ainda mais a análise histórica do dispositivo da confissão, nesse caso em sentido inverso, até as práticas terapêuticas, judiciais e criminológicas do século XX. Esse curso de

Lovaina pode ser visto, por isso, como uma exposição de conjunto, ordenada cronologicamente, das pesquisas foucaultianas sobre o tema. Considerando todo o material, pode-se dizer, definitivamente, que a nenhuma outra prática Foucault dedicou um estudo tão amplo. Vale a pena ter presente que, já em *Nascimento da biopolítica*, sustentava:

> Lembrar que os médicos do século XIX disseram muitas bobagens sobre o sexo não tem nenhuma importância de um ponto de vista político. Só tem importância a determinação do regime de veridicção que lhes permitiu dizer e afirmar como verdadeiras uma série de coisas que, segundo o que sabemos hoje, talvez não o foram tanto. [...] O que politicamente tem sua importância não é a história do verdadeiro, não é a história do falso, é a história da veridicção (Foucault, 2004b, p. 38; *p. 50*).

❖❖❖

Certamente, a tese foucaultiana sobre a relação entre governo e veridicção, a necessidade de produção de discursos verdadeiros para exercer o poder, na qual se inscreve a prática de dizer a verdade sobre si mesmo, pode ser entendida em vários sentidos. Quase no início de seu curso *Do governo dos vivos*, Foucault enumera algumas dessas possibilidades a título de exemplo (Foucault, 2012a, p. 17; *p. 16*): o *princípio de racionalidade*, representado pela razão de Estado que reclama, para poder governar, um conhecimento da estrutura e da natureza do aparato estatal (Giovanni Botero); o *princípio de evidência*, que exige que na ação de governar apareça a racionalidade mesma das coisas, em particular, das leis da economia (François Quesnay e os fisiocratas); o *princípio de competência*, que sustenta a necessidade de um saber científico e especializado acerca do governo (Saint-Simon); o *princípio da consciência geral*, que considera que governar consiste em ocultar coisas e propõe que todos as conheçam, de modo que o governo se torne impossível (Rosa Luxemburgo); e o *princípio do terror*, que, ao contrário do anterior, supõe que o governo funcione porque todos sabem o que se quer ocultar (Aleksandr Soljenítsyn). A posição de Foucault a propósito do poder pastoral avança em outro sentido: interessa-se pelas manifestações ritualizadas da verdade. Em primeiro lugar, a partir de um fundo "oculto", "invisível" ou "imprevisível"; em segundo lugar, de conhecimentos "marginais", "residuais" ou "suntuários" (Foucault, 2012a, p. 7-8; *p. 9*), mas que são requeridos para o funcionamento dos dispositivos de poder, ainda que careçam de um caráter imediata e necessariamente utilitário. Por último, analisa as formas de manifestação da verdade nas quais está envolvido o elemento do eu ou da subjetividade. Em resumo, a questão que lhe interessa é "o governo dos homens mediante a manifestação da verdade na forma da subjetividade" (Foucault, 2012a, p. 79; *p. 69*). Para se referir a essas formas de manifestação da verdade, serve-se do termo "*aleturgia*", composto pelas palavras gregas "*alethes*" e "*ergon*" (literalmente, o atuar veraz ou franco).

❖ ❖ ❖

No curso do ano seguinte, *Subjetividade e verdade*, Foucault aprofunda essa questão e distingue três maneiras de abordar a relação entre o sujeito e a verdade. A filosófica, que se interroga quanto às condições subjetivas que tornam possível o acesso à verdade; a positivista, de teor científico, que busca estabelecer o modo como é possível conhecer a verdade do sujeito; e, finalmente, a histórico-filosófica, que se interroga quanto aos efeitos sobre o sujeito produzidos pela verdade que se diz dele e que ele diz sobre si mesmo. Nessa última forma de interrogação, na qual se situa Foucault, por um lado, "a subjetividade é concebida como o que se constitui e se transforma na relação que mantém com sua própria verdade" e, por outro, mais que por seu conteúdo, que pode ou não ser verdadeiro, a verdade se define como um sistema de obrigações (Foucault, 2014, p. 15; *p. 13*).

Foucault resume isso nos seguintes termos:

> Trata-se de saber que experiência podemos fazer de nós mesmos, que campo de subjetividade o sujeito pode abrir para si mesmo, o quanto existe de fato, historicamente, diante dele, em relação com ele, uma certa verdade, um certo discurso da verdade, e uma certa obrigação de vincular-se a esse discurso da verdade, seja para aceitá-lo como verdadeiro, seja para produzi-lo ele mesmo como verdadeiro (Foucault, 2014, p. 28; *p. 25-26*).

❖❖❖

Por isso, em *Do governo dos vivos*, Foucault retoma o *Édipo*, de Sófocles, do qual já se havia ocupado nas *Aulas sobre a vontade de saber* e em *A verdade e as formas jurídicas*; mas dessa vez a perspectiva de leitura mudou. A interpretação do personagem se mantém: Édipo não é uma figura literária do inconsciente, e sim um "supernumerário do saber" (Foucault, 2012a, p. 66; *p. 62*), alguém que conhece de forma excessiva. Porém já não se interessa em mostrar como, na história de Édipo, podemos ler o enfrentamento entre diferentes procedimentos para alcançar a verdade, e sim pela maneira como, na manifestação da verdade, está implicada a própria subjetividade de Édipo (ele deve reconhecer como sua uma verdade que outros já sabiam), e pelos efeitos que produz essa manifestação (a salvação de Tebas). Desse modo, a tragédia de Édipo permite ao nosso autor abordar o problema, histórico e político, que realmente o interessa: "Como ocorreu que, em uma sociedade como a nossa, o poder não se possa exercer sem a verdade se manifestar, e que necessite fazê-lo como subjetividade e sem esperar, por outro lado, que essa manifestação da verdade como subjetividade produza efeitos que vão além da ordem do conhecimento, que são da ordem da salvação e da liberação para cada um e para todos?" (Foucault, 2012a, p. 73-74; *p. 69*).

❖❖❖

Para Foucault, a resposta a essa pergunta reside nas práticas do poder pastoral dos primeiros séculos do cristianismo, nas quais o sujeito se encontra vinculado a essa verdade sobre si mesmo que deve manifestar cumprindo determinados rituais. Desse modo, Foucault embarca em uma história do cristianismo dos séculos II a IV a partir da perspectiva dos regimes de verdade. Sua intenção geral é mostrar as diferenças entre, por um lado, a *exomologese*, a manifestação do estado de penitente, o fato de se reconhecer pecador e viver como tal, e, por outro, a *exagoreusis*, a verbalização do que era chamado de "os movimentos da alma" (pensamentos, sentimentos, impulsos etc.) e, embora nem sempre nem necessariamente, das faltas cometidas. Em ambos os casos, são retomadas algumas técnicas de vida que já existiam nas escolas filosóficas, sobretudo do helenismo. Foucault se propõe, pois, a mostrar também as diferenças com as modalidades que essas práticas adotaram na cultura cristã.

Assim, em *As confissões da carne* e em *Do governo dos vivos*, Foucault centra-se, em primeiro lugar, em Tertuliano (séculos II-III d.C.) e nas transformações que a prática batismal sofre nessa época. Em particular, mediante a instituição do catecumenato, um conjunto de práticas penitenciais (jejum, mortificações) que devem preceder ao perdão dos pecados e à imersão purificadora que constitui o rito específico do batismo. Entre essas práticas, encontramos a necessidade de levar a cabo determinados atos de verdade, para manifestar — não necessariamente com palavras — sua realidade de pecador e, sobretudo, de penitente (Foucault, 2018a, p. 72; *p. 86*). A partir daqui, abordam-se as práticas penitenciais, também institucionalizadas, para aqueles que, após terem sido batizados, caíram novamente no pecado: a denominada "segunda penitência". Essas práticas, que se estendem por certo período, foram denominadas em grego *"exomologesis"*, termo com frequência traduzido para o latim como *"confessio"*, "confissão". Mas, aqui, esse termo não tem o sentido específico de verbalização das faltas. A *exomologese* é, mais precisamente, a manifestação (nesse sentido é chamada de confissão), mediante expressões corporais e simbólicas frequentemente dramatizadas (vestir-se de maneira miserável, cobrir-se de cinzas, ajoelhar-se perante os outros), do estado de penitente, da cotidiana morte ao pecado e da nova vida à qual se tem acesso por meio da conversão. Em outros termos, mediante os atos de verdade da *exomologese* não se busca estabelecer uma identidade pessoal, e sim manifestar o fato de ser penitente.

Como vimos, o cristianismo retoma algumas práticas do paganismo, como o exame de consciência ou a relação mestre-discípulo; mas se diferencia dele ao fazer da obediência total do discípulo ao mestre o eixo fundamental da *exomologese*. Contudo, principalmente com a institucionalização do monacato cristão, com a prática monástica da direção de consciência, a *exagoreusis* — a obrigação de verter em palavras, por parte do dirigido diante de seu diretor, os movimentos da alma (os pensamentos e os segredos de sua consciência) — tornou-se uma das peças centrais dessa obediência total, da submissão passiva e humilde do monge.

Em *Malfazer, dizer verdadeiro*, Foucault enumera as características fundamentais da prática cristã da *exagoreusis*, contrapondo-a às práticas pagãs do exame e da direção de consciência.

1. Não tem por objeto os atos (as faltas, por exemplo), mas os pensamentos: as representações, as imagens, os desejos, as decisões.
2. Diferentemente das modalidades da prática da direção de consciência e do exame na cultura pagã, a *exagoreusis* cristã desenvolve-se mais no registro do controle permanente de si mesmo do que no da memória.
3. Em lugar de se interrogar a propósito da verdade dos próprios pensamentos, como na cultura pagã, busca-se, mais precisamente, adequá-los a uma verdade que já se conhece.
4. Mais do que estabelecer a responsabilidade ou a culpabilidade em relação a esses pensamentos, busca-se determinar de onde ou de quem provêm (Deus, o demônio), de que modo foram gerados.
5. A fim de poder discriminar os movimentos da alma, requer-se a verbalização permanente.
6. E, finalmente, não se trata de controlar a si mesmo, mas de renunciar a si mesmo e submeter-se à vontade de outro (Foucault, 2012b, p. 161-163).

❖❖❖

No que diz respeito, na história do cristianismo, às transformações da prática da obrigação de dizer a verdade sobre si mesmo, antes da formação da pastoral moderna da carne dos séculos XVI e XVII, é necessário ter em conta dois momentos decisivos. Em primeiro lugar, a chegada dos monges irlandeses ao continente europeu, nos séculos VI e VII. Com eles, a prática monástica da confissão articula-se com o modelo laico e jurídico do direito penal germânico (Foucault, 2012a, p. 191; *p. 179*). Em linhas gerais, do mesmo modo como o direito penal estipula uma correlação entre delitos e penas, agora se estabelece uma correlação entre os pecados e a penitência, que nessa época é denominada "tarifa". A partir desse momento, qualquer sacerdote – não só o bispo, como nos primeiros séculos – ouve a falta e impõe a penitência. Um segundo momento é a introdução de uma série de mudanças que, a partir dos séculos XII e XIII, objetivam recuperar eclesiasticamente a prática da confissão e a convertem em uma obrigação regular, contínua e exaustiva para todos os crentes. Por essa época aparece também um sistema preciso de interrogação, por meio do qual podem ser verbalizadas as próprias faltas: segundo os mandamentos, os pecados capitais, as virtudes teologais e as virtudes cardinais.

❖❖❖

A confissão – como dissemos – é também o eixo do curso *Malfazer, dizer verdadeiro*. Alguns temas se sobrepõem aos desenvolvidos em *Do governo dos vivos* e *As confissões da carne*, mas com várias diferenças. Em primeiro lugar, o período histórico abordado estende-se desde Homero, em um extremo, até o século XX, no outro. Em segundo lugar, o enquadramento teórico desse percurso transcende o âmbito da história do cristianismo. O objetivo já não é fundamentalmente uma história do cristianismo como religião de confissão, e sim uma história política das formas de veridicção, cujo eixo é o dispositivo da confissão.

O curso começa com o relato de uma cena do século XIX na qual o psiquiatra François Leuret tenta conseguir que seu paciente confesse estar louco e, para isso, submete-o a sucessivas duchas frias. Desse modo, o conhecimento que o paciente tem de si mesmo se converte no eixo da terapia. A partir dessa cena e de outros exemplos, Foucault leva a cabo uma análise da confissão como ato de fala (*speech act*), no qual são delimitados seus quatro elementos essenciais (Foucault, 2012b, p. 5-7).

1. O ato de confissão difere de uma declaração ou de uma simples constatação. Enquanto nesse gênero de atos linguísticos trata-se de passar do desconhecido ou invisível ao conhecido e visível, no ato linguístico da confissão, ao contrário, trata-se de passar do não dizer ao dizer. Leuret já sabia que seu paciente estava louco; sua confissão, desse ponto de vista, não implicava uma ampliação do conhecimento, mas sim um esforço, um custo por parte de quem confessava.
2. Quem confessa, além disso, através de seu ato de confissão estabelece uma relação a respeito do que diz de si mesmo e assume uma obrigação com o que diz, como quando confessamos a alguém "te amo".
3. Esse ato tem lugar nos moldes de uma determinada forma de exercício de poder. Ao confessar, quem confessa dá ao destinatário da confissão a possibilidade de exercer algum tipo de ação sobre ele, como aceitar ou rejeitar o amor que está sendo confessado a ele.
4. Quem confessa, além disso, não apenas estabelece uma relação de obrigação a respeito do que diz, como também adquire determinada qualificação; converte-se, por exemplo, em um amante declarado ou em um doente consciente de sua enfermidade.

Em *Malfazer, dizer verdadeiro*, recapitulando o sentido de suas pesquisas sobre a formação e extensão do dispositivo da confissão, Foucault sustenta:

> Quando rastreamos a história das técnicas de si, compreendemos muito melhor a valoração da sexualidade e a mescla de interesse, angústia e preocupação que o comportamento sexual suscita. O problema será saber por que, especialmente a partir dos séculos XVII e XVIII, essas técnicas de si

concernentes à sexualidade atuarão à margem do monacato. Para compreender melhor o estado do dispositivo moderno da sexualidade, é necessário vinculá-lo à história das tecnologias de si. O esquema da repressão é insuficiente: precisamos de outra chave. Eu já havia esboçado tudo isso em meu primeiro livro sobre a sexualidade, mas provavelmente de maneira demasiadamente negativa (Foucault, 2012b, p. 252).

O sujeito e o desejo

Uma das tarefas maiores de *As confissões da carne* consiste, precisamente, em mostrar de que maneira a questão do desejo se articulou com a obrigação do dizer verdadeiro no quadro do poder pastoral. Esse trabalho, o volume IV de *História da sexualidade*, permaneceu inédito até 2018, durante quase 35 anos. Pouco antes de morrer, Foucault enviou à editora Gallimard os manuscritos correspondentes aos volumes segundo, terceiro e quarto do novo plano de *História da sexualidade*, sobre os quais retornaremos várias vezes. Suas condições de saúde permitiram-lhe corrigir as provas de impressão dos dois primeiros. A versão datilografada do quarto volume, realizada pela editora, requeria uma profunda revisão; mas Foucault já não dispunha nem da energia nem de tempo para fazê-lo.

❖❖❖

As confissões da carne divide-se em três partes: "A formação de uma nova experiência", a experiência cristã da carne; "Ser virgem", sobre o ideal dos primeiros monges cristãos; e "Estar casados", a propósito da nova moral matrimonial a partir do século IV. Na primeira, além da *exomologese* e da *exagoreusis*, do catecumenato e da penitência – dos quais já nos ocupamos –, Foucault aborda o que considera o primeiro tratado de moral matrimonial do cristianismo, o capítulo X do livro II de *O pedagogo*, de Clemente de Alexandria (séculos II-III d.C.). Em primeiro lugar, Foucault insiste na grande continuidade entre paganismo e cristianismo em relação aos códigos sexuais (Foucault, 2018a, p. 48; *p. 61*), ao conjunto de prescrições a respeito do permitido e do proibido (proibição do adultério, do desenfreamento, da prostituição infantil, condenação da homossexualidade). Isso não significa, contudo, que Clemente tenha se limitado a retomar esses códigos e a acrescentar-lhes exemplos provenientes da Sagrada Escritura. Sobretudo, ele os reelaborou, articulando esses códigos com o ideal cristão da vida matrimonial, cujo objetivo era a procriação, e sua finalidade, colaborar na obra criadora de Deus.

Na segunda parte, analisa o ideal da virgindade. Para Foucault, Cipriano (séculos II-III d.C.) efetua a primeira grande elaboração cristã da doutrina da virgindade. Os autores posteriores pertencentes ao século IV – como Gregório de Nissa, Ambrósio de Milão, Basílio de Cesareia, Basílio de Ancira e Cassiano – aprofundaram essas ideias em um novo contexto, marcado pelo desenvolvimento da ascese, das instituições monásticas e das técnicas de governo de si. Com eles, reformula-se o esquema interpretativo de Clemente de Alexandria. A ética dos prazeres já não será pensada em relação ao matrimônio, mas à virgindade. Para além de suas diferenças de destinatários e vocabulário, esses autores desenvolvem uma tecnologia para vigiar, analisar e diagnosticar na própria alma os perigos da sedução e as forças obscuras que podem acometê-la. Para Foucault, o que aqui está em jogo não é a falta, mas sim a tentação. Desse modo, "a subjetivação da ética sexual, a produção indefinida de verdade, a colocação em jogo de relações de combate e de dependência com o outro [o demônio e o diretor, respectivamente] constituem um todo" (Foucault, 2018a, p. 245; *p. 264*).

Dos temas da primeira e da segunda parte de *As confissões da carne* Foucault ocupou-se, como vimos, em seus cursos do Collège de France. Não é o caso dos desenvolvimentos da terceira parte, dedicada a Santo Agostinho (séculos IV-V d.C.), sobretudo em sua nova doutrina do matrimônio e do pecado original. O contexto histórico em que se formularam é diferente do enfrentado pelos primeiros Pais da Igreja. Por um lado, fazia-se necessário adequar as práticas da vida monástica à vida dos cristãos no mundo; por outro, ajustar o funcionamento das instituições da Igreja e as do Império. Assistimos, por isso, a uma revalorização da teologia matrimonial. O matrimônio já não aparece, principalmente, em vistas da procriação e como uma forma de colaboração na obra criadora de Deus, mas como um meio para a contenção e a moderação dos prazeres, para evitar a fornicação e a concupiscência.

Nesse novo contexto, centrando-se na relação entre o sujeito e o desejo, Agostinho busca elaborar uma doutrina comum que englobe ambos os estados, o virginal e o matrimonial. Em Agostinho, as relações entre virgindade e matrimônio são, de fato, muito mais complexas do que nos autores precedentes. Essa complexidade deriva, em última instância, de uma leitura diferente da situação do primeiro casal, Adão e Eva, no paraíso. Com efeito, contra alguns autores da época (Pelágio, Juliano de Eclano), Agostinho não apenas defende a existência do pecado original, um pecado de desobediência, como também o do desejo sexual mesmo antes da queda. A concupiscência, não o sexo, é a consequência da queda, do pecado original. Ela não se situa no próprio sujeito, em sua vontade; é a força involuntária que habita na própria vontade do homem (Foucault, 2018a, p. 338; *p. 360*). A partir desse momento, "a 'autonomia' da concupiscência é a lei do sujeito quando quer sua própria vontade" (Foucault, 2018a, p. 345; *p. 366*). Definitivamente, o que mudou a partir do pecado original é a dinâmica do desejo.

Efetivamente, Foucault mostra, no último capítulo de *As confissões da carne*, "A libidinização do sexo", de que modo, como consequência da interpretação agostiniana do pecado de Adão e Eva, a libido, a concupiscência, termina convertendo-se na dimensão fundamental do desejo sexual. Para Foucault, essa doutrina de Agostinho foi "essencial na história de nossa moral" (Foucault, 2018a, p. 328; *p. 350*), com efeitos e consequências consideráveis ao longo dos séculos.

Os gregos, sustenta, haviam pensado o ato sexual como um bloco paroxístico no qual confluíam a pulsão, o prazer e a relação com o outro. O cristianismo dissociou esse bloco, estabelecendo regras de vida, monásticas e matrimoniais, a arte de conduzir os outros e de conduzir-se em relação ao desejo e à concupiscência, técnicas de exame, práticas de confissão, uma teoria do desejo relacionada com a queda do paraíso e o pecado. Com Agostinho, essa pluralidade de elementos recompõe sua unidade, mas já não em torno dos prazeres e de seu uso, e sim a partir da relação entre o sujeito e seu desejo, entre sua vontade e sua libido.

A reformulação de *História da sexualidade*

O primeiro volume de *História da sexualidade*, *A vontade de saber*, é publicado em 1976; os dois seguintes, *O uso dos prazeres* e *O cuidado de si*, oito anos mais tarde, em 1984, e o quarto e último, *As confissões da carne*, de maneira póstuma, em 2018. No entanto, o projeto originário era diferente; compreendia um total de seis volumes, dos quais *A vontade de saber* era o primeiro e os seguintes intitulavam-se: *A carne e o corpo*; *A cruzada infantil*; *A mulher, a mãe e a histérica*; *Os perversos*; e *População e raças*.

De acordo com seus títulos, esses volumes teriam retomado os temas centrais do primeiro da série: a pastoral da carne, os elementos constitutivos do dispositivo de sexualidade (a sexualização das condutas infantis, a histerização da mulher, a psiquiatrização das perversões) e a problemática da biopolítica. Os títulos expressam também os temas dos cursos de Foucault entre 1974 e 1977 (de *Os anormais, Em defesa da sociedade* e, parcialmente, de *Segurança, território, população*). Mas, como veremos, nenhum dos dois volumes publicados em 1984 corresponde a esse plano originário. O quarto volume, de aparição póstuma, de um ponto de vista temático de fato tem relação com o que teria sido o segundo do plano originário, embora não coincida exatamente com ele.

❖❖❖

Como vimos, para o nosso autor, a ação de governar implica o exercício da liberdade e a produção da verdade. Todos esses elementos podem ter, além do mais, um caráter espelhado; em lugar de estarem dirigidos aos outros, definem os modos de relação do sujeito consigo mesmo. É possível governar a si mesmo, não ser escravo de si e não simplesmente produzir a verdade sobre si mesmo como produzir também a si mesmo, sua própria vida, na forma da verdade. Para Foucault, essas formas reflexadas do governo, da liberdade e da veridicção definem a ética. Precisamente, a partir dessas noções o projeto de uma história da sexualidade terminou convertendo-se em uma genealogia da ética, dos modos de constituição de si mesmo como sujeito.

Na "Introdução" a *O uso dos prazeres*, com efeito, estabelece-se uma diferenciação entre a moral e a ética. Por moral pode-se entender o código de valores e de regras que é proposto aos indivíduos ou a adequação de seus comportamentos a esses valores e regras, mas também a maneira como os indivíduos se constituem a si mesmos como sujeitos morais, vinculando-se a um código. Foucault propõe reservar o termo "ética" a esse último sentido. Por sua vez, para determinar as formas de autoconstituição do sujeito moral, propõe distinguir a *substância ética*, as instâncias ou elementos que o sujeito põe em jogo em relação à moral (como os atos, os desejos, os pensamentos); os *modos de sujeição*, as diferentes maneiras como o sujeito se reconhece vinculado a uma moral (por exemplo, porque pertence a determinado grupo social ou a uma tradição espiritual); as *formas de trabalho ético* (como a austeridade sexual ou a memorização dos preceitos do código moral), e a *teleologia ética*, a finalidade que se persegue quando se aceitam os valores e as regras morais (como podem ser o autodomínio ou a vida eterna) (Foucault, 1984b, p. 32-35; *p. 26-28*).

❖❖❖

A noção de governo adquire, assim, um sentido mais amplo, que inclui as formas do governo de si mesmo e também a maneira como as formas de governo sobre os outros se relacionam com as formas de governo de si mesmo. Se, como se defende desde Platão até nossos dias, na relação consigo está sempre implícita, de modo real ou virtual, a presença do outro ou dos outros, para Foucault, também é certo o inverso. O governo dos outros, a governamentalidade política, "não pode deixar de passar, teórica e praticamente, pelo elemento de um sujeito definido a partir da relação consigo mesmo" (Foucault, 2001, p. 241; *p. 306*), pela governamentalidade ética.

❖❖❖

Enquanto os volumes segundo e terceiro, *O uso dos prazeres* e *O cuidado de si*, tratam da ética sexual na

Antiguidade grega e romana, clássica e helenista, *As confissões da carne* ocupa-se da ética sexual nos primeiros séculos do cristianismo, do século II ao IV. Utilizando o vocabulário específico de *História da sexualidade*, pode-se dizer, então, que o primeiro volume trata, estritamente falando, da sexualidade, isto é, do dispositivo que toma forma no século XIX em torno do corpo da mulher, da criança, da procriação e das perversões; os volumes segundo e terceiro, da experiência dos *aphrodisia*, daqueles prazeres aos quais a natureza, em vista da preservação da espécie, associou uma intensidade particular; o volume quarto, por sua parte, da carne dos cristãos, do corpo atravessado pelo desejo. Entre o prazer dos antigos e a sexualidade dos modernos situa-se a carne dos cristãos.

A época do cuidado de si mesmo

> *Em toda a filosofia antiga o cuidado de si mesmo foi considerado ao mesmo tempo um dever e uma técnica, uma obrigação fundamental e um conjunto de procedimentos cuidadosamente elaborados.*
>
> Foucault, 1994, v. IV, p. 355; *1997c, p. 122.*

Nas práticas cristãs do exame de consciência e da confissão, deparamo-nos, em resumo, com uma exigência tripla: buscar a verdade em si mesmo, decifrar essa verdade por meio dos obstáculos para alcançá-la e manifestá-la de maneira analítica a outro (Foucault, 2012b, p. 90). A propósito dessas práticas, Foucault fala em hermenêutica do sujeito. Seu curso de 1982 no Collège de France tem precisamente esse título. Mas ali o tema central na relação do sujeito consigo mesmo não passa pelo conhecimento, e sim pela questão do cuidado de si. *A hermenêutica do sujeito*, com efeito, é uma história das práticas do cuidado de si ou, retomando as expressões utilizadas por nosso autor, da época ou da cultura do cuidado de si mesmo, que se estende ao longo de um milênio, dos tempos de Sócrates até as escolas filosóficas do helenismo e da época romana. Para dar conta desse deslocamento da problemática do conhecimento de si ao cuidado de si, quase no início de *A hermenêutica do sujeito* é introduzida uma distinção entre filosofia e espiritualidade; por filosofia entende--se a forma de pensamento que determina as condições cognitivas através das quais o sujeito pode alcançar a verdade (a aplicação de um método, o consenso científico, a honestidade intelectual etc.), e por espiritualidade, as práticas pelas quais o sujeito se modifica a si mesmo para ter acesso à verdade (Foucault, 2001, p. 16-17; *p. 18-19*). Essas práticas, que podem ter diferentes formas (a erótica ou a ascese), implicam um esforço de conversão por parte do sujeito e produzem nele determinados efeitos (a beatitude, a tranquilidade etc.). No entanto, é necessário advertir que, embora possamos distinguir filosofia e espiritualidade nesses termos, não são duas formas de relação entre o sujeito e a verdade que necessariamente tenham sempre ocorrido de maneira separada. A leitura foucaultiana das filosofias grega e romana tende a mostrar, precisamente, que a espiritualidade formava parte da prática filosófica. Também destaca que, na filosofia moderna, podemos encontrar formas de espiritualidade, por exemplo, no século XVII, no pensamento de Espinosa, ou no século XIX, em Hegel; e, por sua vez, formas de exigência de espiritualidade no marxismo (nesse caso, retomadas em seu registro sociológico, como a identificação com uma classe) e na psicanálise. No caso da última, Foucault reconhece, em particular, o trabalho de Lacan e seu esforço por tematizar de maneira explícita essa exigência (Foucault, 2001, p. 31; *p. 40*).

  A separação entre a filosofia e a espiritualidade responde a uma série de fatores históricos: a forma adotada pela moral com o cristianismo e a Modernidade e, em particular, o que se denomina o "momento cartesiano"

(Foucault, 2001, p. 29; *p. 37*), isto é, quando a evidência da existência do sujeito se converte na porta de acesso à verdade, e o método para acessá-la é definido a partir de regras de ordem epistemológica. No que concerne à época do cuidado de si mesmo (*epimeleia heautou*), na qual a filosofia e a espiritualidade faziam parte de uma mesma prática, Foucault distingue três etapas: o momento socrático, no qual a exigência do cuidado de si faz sua aparição na reflexão filosófica; a idade de ouro do "cuida a ti mesmo", nos séculos I e II (desde o estoicismo romano, representado por Musônio Rufo, até Marco Aurélio); e, finalmente, a passagem do ascetismo pagão ao ascetismo cristão, nos séculos IV e V.

❖ ❖ ❖

Em *A hermenêutica do sujeito*, depois de se ocupar brevemente da história pré-filosófica das práticas do cuidado de si mesmo e da *Apologia de Sócrates*, Foucault concentra sua atenção em outro diálogo platônico, *Alcibíades I*, cujos personagens são Alcibíades e Sócrates. Por um lado, a figura do político ateniense aventureiro e audaz, e, por outro, a figura do filósofo. Quando Alcibíades, finda sua juventude, começa sua vida adulta e decide participar da vida pública da cidade, Sócrates propõe-lhe que tenha em conta a necessidade do cuidado de si. A finalidade dessa proposta é precisamente política: quem pretende governar aos outros deve governar a si mesmo e, portanto, ocupar-se de si. E o instrumento para levá-lo a cabo é o conhecimento de si. Para ocupar-se de si mesmo, Alcibíades tem de conhecer a si mesmo e reconhecer a parte divina de sua alma; só a partir desse reconhecimento alcançará o conhecimento necessário para governar os outros, isto é, o conhecimento do justo. O momento socrático-platônico — observa Foucault — caracteriza-se, precisamente, por um paradoxo: a subordinação do cuidado de si ao conhecimento de si. Esse conhecimento não tem, porém, nem a forma nem o conteúdo da hermenêutica cristã do sujeito. Seu objeto não são os movimentos da alma, e sim o imutável e divino.

Contudo, na época de ouro do cuidado de si mesmo, assistimos a uma reformulação geral do momento adequado para se ocupar de si mesmo, da finalidade e dos meios para fazê-lo. Já não será apenas um determinado momento, a passagem para a vida adulta, mas toda a vida; não estará motivado por razões políticas, e sim orientado ao governo de si mesmo, em uma direção ética; e, além disso, disporá de um conjunto de práticas muito mais vasto que o conhecimento de si mesmo. Na época de ouro, assistimos, assim, a uma generalização das práticas do cuidado que se tornam correlativas da vida do indivíduo e estão abertas a todos os membros da sociedade. Desse modo, o cuidado de si mesmo se converte em uma técnica de vida (*techne tou biou*). Nesse contexto, Foucault analisa uma série de práticas – como a meditação, o exame de consciência, a direção de vida por parte de um mestre, o retirar-se da vida mundana, o uso do silêncio – e de autores – como Sêneca, Marco Aurélio, Plutarco e Epicteto. Destaca, ademais, a aproximação que se produz durante esse período entre a filosofia e a medicina, a partir da qual a atividade filosófica é concebida e praticada como terapia.

Como já dissemos, algumas dessas práticas – o exame de consciência ou a direção por parte de um mestre – são retomadas e transformadas pelo cristianismo. Precisamente por isso Foucault se ocupa de aprofundar as diferenças em relação às formas pagãs do cuidado de si e, dentro delas, de distinguir também entre o momento platônico e o helenístico. A análise se detém em dois conceitos gregos que foram traduzidos como "conversão": a *epistrophe* e a *metanoia*. Ao comparar a *epistrophe* platônica e a helenística, assinala as seguintes diferenças:

a primeira está orientada a afastar as aparências sensíveis por meio do conhecimento do imutável, partindo do reconhecimento da própria ignorância e com o propósito de se liberar da prisão do corpo. No mundo helenístico e romano, em contrapartida, a conversão não se articula a partir da oposição entre dois mundos, o sensível das aparências e o imutável, mas em um mesmo plano, no qual se distingue entre o que depende de nós e o que não depende de nós. A conversão busca, além disso, estabelecer uma adequada relação consigo mesmo que inclui o corpo, e os meios para consegui-la não se circunscrevem ao campo do conhecimento. Quanto à *metanoia*, para o cristianismo, ela implica, embora preparada, uma mudança brusca naquilo no qual está em jogo a passagem da morte à vida, das trevas à luz, e supõe a ruptura e a renúncia a si mesmo. A conversão das épocas helenística e romana, por sua vez, não é uma mudança brusca, e sim um equipar-se e proteger-se para poder ser senhor de si mesmo. Não se trata, por isso, de renunciar a si mesmo, mas, ao contrário, de se retirar em direção a si mesmo.

❖❖❖

A relação entre práticas de subjetivação e jogos de verdade — que, da perspectiva foucaultiana, atravessa, então, de um extremo ao outro a história da subjetividade ocidental — admite, como vemos, diferentes modulações: na Modernidade, trata-se da normalização; no cristianismo, da purificação de si mesmo por meio da obediência; e, para definir a forma que toma na Antiguidade, Foucault serve-se da expressão "estética da existência". Essa noção, em princípio, remete à tarefa de se ocupar da própria vida como se fosse uma obra de arte para lhe dar uma forma bela, mas também à ideia de que o jogo de verdade em que se inscreve essa tarefa não tem a forma da norma ou da obediência. A relação da própria vida com a beleza e a não obrigatoriedade do jogo de verdade no qual essa relação tem lugar definem, por isso, o sentido com que se utiliza aqui o termo "estética". Isso não significa, porém, que esse jogo de verdade careça de universalidade e que não seja válido para todos os homens; o que acontece é que essa universalidade não tem a forma da lei, nem religiosa nem estatal (Foucault, 1984c, p. 215; *p. 185*).

O que mudou da Antiguidade ao cristianismo e do cristianismo à Modernidade são os elementos que definem, como assinalamos, a ética: a substância ética, os modos de sujeição, as formas de trabalho sobre si mesmo e a finalidade. Esses elementos, e não o código, são o que nos permite diferenciar a moral sexual dos antigos e defini-la como uma estética da existência. Enquanto para a Modernidade a problemática fundamental estava determinada pela normalização da sexualidade e, para o cristianismo, pela purificação da libido, para a Antiguidade, em contrapartida, a questão central reside no uso dos prazeres (*kresis aphrodision*).

❖ ❖ ❖

O segundo volume de *História da sexualidade* se intitula, precisamente por isso, *O uso dos prazeres*, e seu propósito é "mostrar como, na Antiguidade, a atividade e os prazeres sexuais foram problematizados através das práticas de si, colocando em jogo os critérios de uma 'estética da existência'" (Foucault, 1984b, p. 18; *p. 16*). Nela, os *aphrodisia*, os prazeres intensos ligados aos atos sexuais, constituem a substância ética, que é analisada em relação à quantidade – o excesso e o defeito – e à polaridade – a posição ativa ou passiva que se ocupa. A noção de *kresis*, "uso", por sua vez, caracteriza os modos de sujeição de acordo com as necessidades, os momentos adequados e o estatuto dos indivíduos. A *enkrateia*, o domínio sobre si mesmo, define as formas do trabalho ético, e a *sophrosune*, a sabedoria e a temperança, a finalidade.

O terceiro volume da *História da sexualidade, O cuidado de si*, retoma o âmbito de problematizações morais abordado no volume precedente – a relação com o próprio corpo, com a esposa, com os mancebos e com a verdade –, sempre dentro da moral pagã da Antiguidade, mas nos primeiros dois séculos de nossa era. Em linhas gerais, nessa época assistimos a um fortalecimento dos preceitos e das práticas da austeridade sexual. Em relação ao código, a moral sexual da época de ouro do cuidado de si mesmo está muito mais próxima do cristianismo do que da ética da época clássica (séculos V-IV a.C.). Suas práticas nos mostram, além disso, maior desconfiança em relação aos prazeres sexuais e, em consequência, maiores exigências de vigilância e controle. Mas, para além da proximidade e inclusive da continuidade dos códigos de comportamento moral, a ética do cristianismo responde a uma configuração diferente. Sua substância ética está constituída pela falta e pelo mal; seus modos de sujeição assumem a forma de uma obediência a uma lei geral que, além de tudo, é expressão de uma vontade divina; as formas do trabalho ético implicam o deciframento da alma e a purificação dos desejos; e a finalidade que se persegue é a renúncia a si mesmo (Foucault, 1984c, p. 274; *p. 235*).

❖❖❖

Ao recapitular o caminho que percorreu até esse momento, em *O governo de si e dos outros* Foucault dirá que todo o seu trabalho pode ser ordenado em torno de três eixos. O primeiro refere-se à formação de saberes como a história natural, a gramática geral ou a economia – de que se ocupou em *As palavras e as coisas* –, nos quais se constituem matrizes de conhecimentos possíveis que, finalmente, podem ser consideradas como as formas regulares do jogo do verdadeiro e do falso, isto é, como práticas de veridicção. O segundo eixo é o das técnicas e dos procedimentos com os quais se busca conduzir a conduta dos outros, as matrizes de comportamento que já não são simplesmente consideradas como táticas de normalização, mas sim como formas de exercício do poder governamental. E o terceiro eixo é o da constituição dos modos de ser do sujeito através das diferentes práticas para se relacionar consigo mesmo (Foucault, 2008b, p. 5-7; *p. 5-7*). Nesse último caso, fala-se não apenas de práticas, entendidas como um modo regular e recorrente de fazer algo, como também de técnicas. Essa última noção acrescenta à anterior a nuance das táticas e das estratégias, isto é, da relação entre os meios utilizados e os fins procurados.

A parrésia

> *Neste Ocidente que inventou tantas verdades diferentes e modelou múltiplas artes da existência, o cinismo não deixa de recordar que muito pouco de verdade é indispensável para quem quer viver verdadeiramente e que muito pouco de vida é necessário quando se tem verdadeiramente a verdade.*
>
> Foucault, 2009a, p. 175; *p. 166*.

As últimas aulas de *A hermenêutica do sujeito* estão dedicadas a uma prática de subjetivação, a parrésia, que terminou convertendo-se no tema dos dois cursos imediatamente seguintes, os últimos de Foucault no Collège de France, *O governo de si e dos outros* e *A coragem da verdade*. Em *A hermenêutica do sujeito*, a parrésia irrompe a propósito das práticas do cuidado de si mesmo, para qualificar o discurso que o mestre dirige ao discípulo. Falar com parrésia consiste em falar francamente, com sinceridade, sem adulações e sem se servir das técnicas retóricas que, em lugar de apontar à verdade, buscam apenas convencer. Junto a essa parrésia do mestre em relação ao discípulo, em alguns círculos epicuristas da época nos deparamos também com uma prática parresiasta entre discípulos. Foucault encontra aqui um antecedente do dispositivo da confissão (Foucault, 2001, p. 373; *p. 471*). Em seus últimos dois cursos, por sua vez, a análise da parrésia encontra um tratamento mais amplo, que inclui Tucídides, Xenofonte, Platão e o movimento cínico, e leva a cabo uma leitura da filosofia antiga – embora pudéssemos dizer da filosofia simplesmente – como atividade parresiasta. Vale a pena recordar, quanto ao valor que os antigos atribuíam à prática parresiasta, que já Aristóteles sustentava não valer a pena viver numa cidade sem parrésia, isto é, na qual não se pudesse falar francamente. A partir dessa leitura, particularmente a propósito dos cínicos, as relações entre a subjetividade e a verdade encontrarão uma nova formulação, diferente da que podemos observar no dispositivo da confissão e também em outras práticas do cuidado de si mesmo.

Em termos gerais, devemos entender por parrésia o falar franco e sincero, o dizer toda a verdade (literalmente, a palavra significa "dizer tudo"). Foucault, no entanto, analisa esse conceito em termos mais específicos, para se referir àquelas formas em que, na veracidade do que se diz, o sujeito da enunciação põe em jogo a própria vida, pois o ato de dizer a verdade tem ou pode ter consequências caras; por exemplo, quando se trata de dizer ao governante empossado e na cara dele a verdade sobre o que se pensa a seu respeito. Com relação a essa noção mais restrita de parrésia, nosso autor esboça o que denomina uma "dramática do discurso" (Foucault, 2008b, p. 65; *p. 66*). Em vários aspectos, essa concepção do discurso situa-se como antípoda da pragmática desenvolvida no primeiro curso no Collège de France, *Aulas sobre a vontade de saber*, e em outros escritos dos primeiros anos da década de 1970. Os enunciados parresiastas funcionam, efetivamente, de maneira inversa aos performativos. Nesse último caso – por exemplo, na sentença de um juiz que declara culpado o acusado –, requer-se um contexto institucionalizado preciso que estabeleça as circunstâncias e os modos como é possível produzir certos enunciados. E o estatuto do sujeito da enunciação resulta também determinante; prosseguindo com o exemplo anterior, é necessário ser juiz para poder proferir um veredito. Por outro lado, o funcionamento dos enunciados performativos não depende do compromisso que existe entre o sujeito da enunciação e o conteúdo do enunciado. Mesmo que eu não esteja convencido ou não o sinta assim, se digo "Peço desculpas", o enunciado cumpre sua finalidade. No caso dos enunciados parresiastas, em vez disso, o contexto institucional no qual são proferidos e o lugar que ocupa institucional ou socialmente o sujeito da enunciação mostram-se irrelevantes. Em relação às formas institucionais, com efeito, os enunciados parresiastas caracterizam-se, mais precisamente, por seu caráter disruptivo e até mesmo irreverente. Por sua vez, uma das características que os definem é o compromisso de quem fala com o que diz.

Em *O governo de si e dos outros*, o interesse de Foucault na prática da parrésia focaliza, em grande medida, a parrésia política, no direito que têm os cidadãos atenienses de usar publicamente a palavra nas assembleias políticas e na maneira como, sobretudo em Platão, a tarefa da filosofia pode ser definida em termos parresiastas, isto é, a partir dessa relação entre o discurso e a verdade na qual o sujeito da enunciação coloca em jogo a própria vida. A filosofia se definiria, então, pela maneira como o indivíduo se constitui como sujeito de um discurso verdadeiro. No caso de Platão, a mesma exigência é válida e necessária para quem exerce o poder. A análise dos textos de Platão e, em especial, da figura de Sócrates continua em *A coragem da verdade*, em que o tema do cuidado de si mesmo é retomado em termos parresiastas. A parte final desse último curso orienta-se, no entanto, ao movimento dos cínicos. Sem dúvida, isso se deve a que, diferentemente do que ocorre no platonismo, nos cínicos essa relação entre a vida e a verdade é imediata, não passa por nenhum corpo doutrinal. Sua forma de viver, mediante a aceitação da animalidade natural da vida e o abandono das convenções sociais, é em si mesma aletúrgica, uma manifestação da verdade. O cinismo é, nesse sentido, "a produção da verdade na forma mesma da vida" (Foucault, 2009a, p. 200; *p. 191*).

Em relação à descrição foucaultiana da parrésia cínica, é necessário fazer três observações. Em primeiro lugar, com respeito à conotação do termo "cínico". Com efeito, para Foucault – que desse modo se afasta de uma extensa tradição –, não se trata de uma categoria negativa, mas positiva. Ela não representa o modo, às vezes caricaturado de maneira grotesca, de renunciar às convenções sociais e questioná-las, e sim uma maneira de fazer da própria vida uma vida verdadeira, não dissimulada. Em segundo lugar, em relação à função hermenêutica da categoria, o cinismo constitui uma categoria trans-histórica da subjetividade ocidental (Foucault, 2009a, p. 161; *p. 152*). Isso significa que essa relação entre a vida e a verdade, essa busca de uma forma que rompa com todas as formas, que define positivamente a atitude cínica, pode ser reencontrada além do movimento cínico, por exemplo, em algumas formas do ascetismo cristão, nos personagens revolucionários e na subjetividade artística. Em terceiro e último lugar, independentemente das continuidades que possam ser estabelecidas entre o cinismo e o cristianismo, as práticas de subjetivação desse último introduziram um elemento que estabelece uma profunda diferença: a exigência de obediência.

Como mencionamos no início deste capítulo, a relação entre a subjetividade e a verdade define o eixo das investigações de Foucault desde a introdução da categoria de governamentalidade. Seus trabalhos em torno da parrésia completam, de fato, um quadro cujas primeiras figuras tinham sido abordadas, precisamente, em seus cursos sobre biopolítica. Nestes, a produção da verdade em termos de normalização apresentava-se como um instrumento para o governo dos outros. No poder pastoral, especificamente por meio do dispositivo da confissão, exige-se do sujeito a produção da verdade sobre si mesmo como condição para poder ser governado na forma da obediência. Com as práticas parresiastas, em vez disso, os termos se invertem: a produção da verdade por parte do sujeito resulta em um desafio e um limite para o exercício político do poder. A ética, no sentido foucaultiano do termo, converte-se, desse modo, em política. Não nos surpreende, por isso, que nosso autor tenha podido dizer que, finalmente, não é o poder, mas o sujeito o tema geral de suas pesquisas (Foucault, 1994, v. IV, p. 223; *v. IX, p. 119*).

❖ ❖ ❖

Em 3 de junho de 1984, Foucault é hospitalizado no centro médico dirigido por seu irmão, Denys, no Hospital Saint-Michel da capital francesa. Alguns dias mais tarde, em 10 de junho, é transferido à unidade de terapia intensiva da Salpêtrière, onde falece, no dia 25 desse mês.

Para a contracapa da edição francesa de seus dois últimos livros publicados em vida, Foucault escolheu uma frase do poeta René Char, de *Furor e mistério*: "A história dos homens é a longa sucessão dos sinônimos de um mesmo vocábulo. Contradizer isso é um dever". Essa frase poderia ser, sem dúvida, uma das epígrafes mais adequadas para sua obra inteira.

Cronologia

1926 Em 15 de outubro, em Poitiers, nasce Paul-Michel Foucault, filho de Paul-André Foucault e Anne Malapert. Sua irmã mais velha, Francine, havia nascido um ano antes, e em 1933 nasceria seu irmão mais novo, Denys.

1943 Depois de realizar seus estudos primários e secundários em Poitiers, é aprovado no exame para o bacharelado. Ingressa no liceu Henri-IV, de Poitiers, onde prepara seu ingresso na École Normale Supérieure.

1945 Não é aprovado no exame de admissão à École Normale e ingressa na turma de *khâgnes* do liceu Henri-IV, de Paris, para completar sua preparação. Seu professor de Filosofia é Jean Hyppolite. "Aqueles que estavam na turma de *khâgnes* logo após a guerra se lembrarão dos cursos de Hyppolite sobre a *Fenomenologia do espírito*. Naquela voz que não cessava de retomar a si mesma, como uma meditação dentro de seu próprio movimento, percebíamos não apenas a voz de um professor, escutávamos um pouco da voz de Hegel e até, talvez, a voz da própria filosofia" (Foucault, 1994, v. I, p. 779; *v. II, p. 153*).

1946 Ingressa, finalmente, na École Normale, onde permanece por quatro anos e acompanha, em particular, os cursos de Maurice Merleau-Ponty.

1948 Obtém a graduação em Filosofia. Sofre uma crise pessoal, que o leva a uma tentativa de suicídio. "Nietzsche, Blanchot e Bataille são os autores que me permitiram libertar-me daqueles que dominaram minha formação universitária no início da década de 1950: Hegel e a fenomenologia" (Foucault, 1994, v. IV, p. 48; *v. VI, p. 296*).

1949 Obtém a graduação em Psicologia. Apresenta sua tese de finalização de estudos superiores: *A constituição de um transcendental na* Fenomenologia do espírito.

1950 Reprovado no exame da *agrégation*, o exame do Estado para tornar-se professor. Nova tentativa de suicídio. Inicia um tratamento psicoterapêutico e outro contra o alcoolismo. Sob a influência de Louis Althusser, filia-se ao Partido Comunista francês. "Eu estava então no Partido Comunista, ah!, durante alguns meses ou um pouco mais que alguns meses, e sei que naquele momento Sartre era definido por nós como o último baluarte do imperialismo burguês" (Foucault, 1994, v. I, p. 666; *v. VII, p. 173*).

1951 É aprovado no exame da *agrégation* e se torna professor assistente de Psicologia na École Normale.

1952 Obtém um diploma de especialização em Psicopatologia e trabalha como psicólogo no centro do doutor Delay.

1953 Assiste ao seminário de Jacques Lacan e visita, na Suíça, Ludwig Binswanger. Obtém um diploma de especialização em Psicologia Experimental. Começa uma relação amorosa com o músico Jean Barraqué. Trabalha como professor assistente de Psicologia na Universidade de Lille. Abandona formalmente o Partido Comunista.

1954 Publica *Doença mental e personalidade*.

1955 Muda-se para Uppsala para trabalhar como leitor de francês no Instituto de Cultura dessa cidade sueca. "Com sua calma, a Suécia revela um mundo quase perfeito no qual se descobre que o homem não é necessário. [...] E me pergunto se não foi na Suécia onde comecei a formular este horrível anti-humanismo que me é atribuído, talvez com certo excesso" (Foucault, 1994, v. I, p. 651; *v. VII, p. 157*).

1957 Descobre a obra de Raymond Roussel. "Quando José Corti terminou sua conversação, perguntei-lhe timidamente quem era esse Raymond Roussel. Então, me olhou com uma generosidade um pouco apiedada e me disse: 'Bem, enfim, Roussel...'. Compreendi que precisava saber quem era Raymond Roussel e lhe perguntei, sempre timidamente, se, já que o vendia, se eu podia comprar aquele livro" (Foucault, 1994, v. IV, 559; *v. III, p. 400*).

1958 Muda-se para Varsóvia. Conclui a redação de sua tese principal de doutorado, *Loucura e desrazão. História da loucura na Época Clássica*, sob a orientação de Georges Canguilhem. "Talvez quem tenha exercido em mim a mais forte influência tenha sido Georges Canguilhem" (Foucault, 1994, v. IV, p. 56; *v. VI, p. 306*).

1959 Morre seu pai. Muda-se para Hamburgo e escreve sua tese secundária de doutorado, *Kant. Antropologia. Introdução, tradução e notas*.

1960 De volta à França, é nomeado professor de Psicologia na Universidade de Clermont-Ferrand. Conhece Daniel Defert, seu parceiro durante quase 25 anos.

1961 Defende e publica *Loucura e desrazão. História da loucura na Época Clássica*.

1962 Publica *Doença mental e psicologia*. Conhece Gilles Deleuze. "Agradeçamos a Deleuze. Ele não retomou o slogan que nos fatiga: Freud com Marx, Marx com Freud e os dois, por favor, conosco" (Foucault, 1994, v. II, p. 87; *v. II, p. 242*).

1963 Publica *O nascimento da clínica* e *Raymond Roussel*.

1965 Viaja a São Paulo, onde profere uma série de conferências. "Provavelmente apenas no Brasil e na Tunísia encontrei estudantes tão sérios e tão apaixonados, com paixões tão sérias, e o que mais me agrada, a avidez absoluta de saber" (Foucault, 1994, v. I, p. 584; *v. II, p. 61*).

1966 Publicação de *As palavras e as coisas*. Em outubro, parte para a Tunísia, onde exerce pela primeira vez a função de professor de Filosofia.

1968 Regressando à França, dirige o Departamento de Filosofia da recém-criada Universidade de Vincennes. Lê Rosa Luxemburgo, Che Guevara e os Black Panthers.

1969 Publica *A arqueologia do saber*.

1970 É nomeado professor no Collège de France. Viaja à Universidade de Buffalo, nos Estados Unidos, ao Japão e à Itália. "Sobre minhas lembranças de minha primeira estada no Japão, tenho a nostalgia de não ter visto nem entendido nada" (Foucault, 1994, v. III, p. 619; *v. IX, p. 79*).

1971 Publicação de *A ordem do discurso*, sua aula inaugural da cátedra de Sistemas do Pensamento. É anunciada a criação do Grupo de Informação sobre as Prisões (GIP). Viaja ao Canadá, a convite da Universidade McGill.

1972 Viaja novamente à Universidade de Buffalo. Visita a prisão de Attica. Autodissolução do GIP. "O que mais me chamou a atenção em Attica, antes de mais nada, foi a fachada, aquela espécie de fortaleza fictícia no estilo Disneylândia. [...] E, por trás desta paisagem mesmo grotesca que oprime todo o resto, descobre-se que Attica é uma imensa máquina" (Foucault, 1994, v. II, p. 526; *v. IV, p. 173-174*).

1973 Nova viagem ao Canadá, para onde volta no ano seguinte. Ciclo de conferências no Rio de Janeiro.

1974 Novo ciclo de conferências no Rio de Janeiro, sobre a história da medicalização.
1975 Publicação de *Vigiar e punir*. Primeira viagem à Califórnia. Nova viagem a São Paulo. Visita a Universidade de Columbia (Estados Unidos).
1976 Publica *A vontade de saber*, primeiro volume de *História da sexualidade*. Conferências em Montreal, Berkeley e Stanford. Nova viagem ao Brasil.
1977 Foucault intervém em relação à extradição de Klaus Croissant à Alemanha. Estadia em Berlim Oriental. François Ewald torna-se seu assistente no Collège de France.
1978 Viaja ao Japão para proferir conferências, e ao Irã como jornalista. É hospitalizado após ser atropelado por um automóvel. "Muitos aqui, e alguns no Irã, esperam o momento em que a laicidade finalmente retome seus direitos e em que se reencontre a boa, verdadeira e eterna revolução. Mas, me pergunto, até onde irá levá-los este caminho singular em que eles procuram, contra a teimosia de seu destino e contra aquilo que têm sido durante séculos, 'algo diferente'?" (Foucault, 1994, v. III, p. 755; *v. VI, p. 270*).
1979 Estada em Stanford, onde profere as Tanner Lectures.
1980 Conferências em Berkeley, Nova York e Dartmouth.
1981 Convida Fernando Henrique Cardoso ao Collège de France. Curso na Universidade de Lovaina. Nova estada em Berkeley. "Hubert Dreyfus e Paul Rabinow, em Berkeley, me permitiram, com suas reflexões e suas perguntas e graças à sua exigência, um trabalho de reformulação teórica e metodológica" (Foucault, 1984b, p. 14; *p. 12-13*).
1982 Viaja à Polônia e visita Auschwitz. Não obtém permissão de se encontrar com Lech Walesa. Foucault

era o tesoureiro do Comitê de Apoio Internacional ao movimento polonês Solidariedade.

1984 Publicação de *O uso dos prazeres* e *O cuidado de si*, segundo e terceiro volumes de *História da sexualidade*. Morre em 25 de junho; é sepultado em Vendeuvre-du-Poitou, em 29 de junho.

Bibliografia

Obras de Michel Foucault

1954 *Maladie mentale et personnalité.* Paris: Presses Universitaires de France.
1976 [1963]. *Raymond Roussel.* Paris: Gallimard. [Ed. bras.: Rio de Janeiro: Forense Universitária, 1999.][25]
1984a [1969]. *L'Archéologie du savoir.* Paris: Gallimard. [Ed. bras.: *A arqueologia do saber.* Rio de Janeiro: Forense Universitária, 2008.]
1984b *Histoire de la sexualité, II. L'Usage des plaisirs.* Paris: Gallimard. [Ed. bras.: *O uso dos prazeres.* Rio de Janeiro: Graal, 1998.]
1984c *Histoire de la sexualité, III. Le Souci de soi.* Paris: Gallimard. [Ed. bras.: *O cuidado de si.* Rio de Janeiro: Graal, 2005.]
1986a [1974]. *L'Ordre du discours.* Paris: Gallimard. [Ed. bras.: *A ordem do discurso.* São Paulo: Loyola, 1996.]
1986b [1976]. *Histoire de la sexualité, I. La Volonté de savoir.* Paris: Gallimard. [Ed. bras.: *A vontade de saber.* Rio de Janeiro: Graal, 1999.]
1986c [1966]. *Les Mots et les choses. Une archéologie des sciences humaines.* Paris: Gallimard. [Ed. bras.: *As palavras e as coisas.* São Paulo: Martins Fontes, 2000.]
1987 [1975]. *Surveiller et punir. Naissance de la prison.* Paris: Gallimard. [Ed. bras.: *Vigiar e punir.* Petrópolis: Vozes, 2014.]
1988a [1963]. *La Naissance de la clinique. Une archéologie du regard médical.* Paris: Gallimard. [Ed. bras.: *O nascimento da clínica.* Rio de Janeiro: Forense Universitária, 1977.]
1989 *Resumés des cours.* Paris: Julliard. [Ed. bras.: *Resumo dos cursos.* Rio de Janeiro: Zahar, 1997c.
1994 *Dits et écrits.* Paris: Gallimard. 4 v. [Ed. bras.: *Ditos e escritos.* Rio de Janeiro: Forense Universitária, 1999-2014. 10 v. Utilizamos as seguintes edições: v. I: 1999, v. II: 2000, v. III:

---

[25] Indicamos as edições em português que utilizamos para estabelecer as referências.

2009, v. IV: 2006, v. V: 2006, v. VI: 2010, v. VII: 2011, v. VIII: 2012, v. IX: 2014, v. X: 2014.]

1997a *"Il faut défendre la société"*. *Cours au Collège de France 1975-1976*. Paris: Gallimard; Seuil. [Ed. bras.: *Em defesa da sociedade*. São Paulo: Martins Fontes, 2005.]

1997b [1962]. *Maladie mentale et psychologie*. Paris: Presses Universitaires de France. [Ed. bras.: *Doença mental e psicologia*. Rio de Janeiro: Tempo Brasileiro, 1975.]

1999a [1961]. *Histoire de la folie à l'âge classique*. Paris: Gallimard. [Ed. bras.: *História da loucura na Idade Clássica*. São Paulo: Perspectiva, 2009.]

1999b *Les Anormaux*. *Cours au Collège de France 1974-1975*. Paris: Gallimard; Seuil. [Ed. bras.: *Os anormais*. São Paulo: Martins Fontes, 2001.]

2001 *L'Herméneutique du sujet*. *Cours au Collège de France 1981-1982*. Paris: Gallimard; Seuil. [Ed. bras.: *A hermenêutica do sujeito*. São Paulo: Martins Fontes, 2006.]

2003 *Le Pouvoir psychiatrique*. *Cours au Collège de France 1973-1974*. Paris: Gallimard; Seuil. [Ed. bras.: *O poder psiquiátrico*. São Paulo: Martins Fontes, 2006.]

2004a *La Peinture de Manet*. Paris: Seuil. [Ed. bras.: *A pintura de Manet*, Visualidades, Goiânia, v. 8, n. 2, p. 259-285, jul.-dez. 2010.]

2004b *Naissance da biopolitique*. *Cours au Collège de France 1978-1979*. Paris: Gallimard; Seuil. [Ed. bras.: *Nascimento da biopolítica*. São Paulo: Martins Fontes, 2008.]

2004c *Sécurité, territoire, population*. *Cours au Collège de France 1977-1978*. Paris: Gallimard; Seuil. [Ed. bras.: *Segurança, território, população*. São Paulo: Martins Fontes, 2008.]

2007 *Dialogue Foucault-Aron*. Paris: Lignes.

2008a *Introduction à l'*Anthropologie *[de Kant]*. Paris: Vrin. [Ed. bras.: *Gênese e estrutura da antropologia de Kant*. São Paulo: Loyola, 2011.]

2008b *Le Gouvernement de soi et des autres*. *Cours au Collège de France 1982-1983*. Paris: Gallimard; Seuil. [Ed. bras.: *O governo de si e dos outros*. São Paulo: Martins Fontes, 2010.]

2009a *Le Courage de la vérité*. *Le Gouvernement de soi et des autres II*. *Cours au Collège de France 1983-1984*. Paris: Gallimard; Seuil. [Ed. bras.: *A coragem da verdade*. São Paulo: Martins Fontes, 2011.].

2009b *Le Corps utopique. Les Hétérotopies.* Paris: Lignes. [Ed. bras.: *O corpo utópico. As heterotopias.* São Paulo: n-1, 2013.]
2011 *Leçons sur la volonté de savoir. Cours au Collège de France 1970-1971.* Paris: EHESS; Gallimard; Seuil. [Ed. bras.: *Aulas sobre a vontade de saber.* São Paulo: Martins Fontes, 2014.]
2012a *Du Gouvernement des vivants. Cours au Collège de France 1979-1980.* Paris: EHESS; Gallimard; Seuil. [Ed. bras.: *O governo dos vivos.* São Paulo: Martins Fontes, 2014.]
2012b *Mal faire, dire vrai. Fonction de l'aveu en justice. Cours de Louvain 1981.* Louvain: Presses Universitaires de Louvain. [Ed. bras.: *Malfazer, dizer verdadeiro.* São Paulo: WMF Martins Fontes, 2018.]
2013c *L'Origine de l'herméneutique de soi. Conférences prononcées à Dartmouth College, 1980.* Paris: Vrin.
2013d *La Grande étrangère. À propos de littérature.* Paris: EHESS. [Ed bras.: *O belo perigo e A grande estrangeira.* Belo Horizonte: Autêntica, 2016.]
2013e *La Société punitive. Cours au Collège de France 1972-1973.* Paris: EHESS; Gallimard; Seuil. [Ed. bras.: *A sociedade punitiva.* São Paulo: Martins Fontes, 2016.]
2014 *Subjectivité et vérité. Cours au Collège de France 1980-1981.* Paris: EHESS; Gallimard; Seuil. [Ed. bras.: *Subjetividade e verdade.* São Paulo: Martins Fontes, 2016.]
2015a *Théories et institutions pénales. Cours au Collège de France 1971-1972.* Paris: EHESS; Gallimard; Seuil. [Ed. bras.: *Teorias e instituições penais.* São Paulo: WMF Martins Fontes, 2020.]
2015b *Qu'est-ce que la critique?* Suivi de *La culture de soi.* Paris: Vrin. [Ed. port.: *O que é a crítica.* Lisboa: Texto & Grafia, 2017.]
2015c *Œuvres.* Paris: Gallimard. 2 v. (Bilbiothèque de la Pléiade).
2016a *Discours et vérité.* Précédé de *La parrêsia.* Paris: Vrin.
2016b *La Littérature et la folie. Critique*, n. 835, p. 965-981.
2016c *Homère, les récits, l'éducation, les discours. La Nouvelle Revue Française*, n. 616, p. 111-150, jan.
2017 *Dire vrai sur soi-même. Conférences prononcées à l'Université Victoria de Toronto, 1982.* Paris: Vrin. [Ed. bras.: *Dizer a verdade sobre si.* São Paulo: Ubu, 2022.]
2018a *Histoire de la sexualité, IV. Les Aveux de la chair.* Paris: Gallimard. [Ed. port.: *História da sexualidade. As confissões da carne.* Lisboa: Relógio D'Água, 2019.]

2018b *La sexualité. Cours donné à l'université de Clermont-Ferrand* (1964). Suivi de *Le discours de la sexualité. Cours donné à l'Université de Vincennes* (1969). Paris: Gallimard; Seuil.
2019a *Un manuscrit de Michel Foucault sur la psychanalyse.* Disponível em: https://journals.openedition.org/asterion/4410.
2019b *Folie, langage, littérature.* Paris: Vrin.
2019c *Microfísica del poder.* Buenos Aires: Siglo XXI. [Ed. bras.: *Microfísica do poder.* São Paulo: Paz e Terra, 2021.]
2021a *Binswanger et l'analyse existentielle.* Paris: EHESS; Gallimard; Seuil.
2021b *Phénoménologie et psychologie.* Paris: EHESS; Gallimard; Seuil.
2022 *La Question anthropologique.* Paris: EHESS; Gallimard; Seuil.
2023 *Le Discours philosophique.* Paris: EHESS; Gallimard; Seuil.

Bibliografia secundária citada ou sugerida

Althusser, Louis. *Écrits philosophiques et politiques.* Paris: Stock; Imec, 1994. 2 v.

Artieres, Philippe; Potte-Bonneville, Mathieu. *D'après Foucault. Gestes, luttes, programmes.* Paris: Les Prairies Ordinaires, 2007.

Artières, Philippe; Quéro, Laurent; Zancarini-Fournel, Michelle. *Le Groupe d'information sur les prisons. Archives d'une lutte, 1970-1972.* Paris: Éditions de l'IMEC, 2003.

Basso, Elisabetta. *The Young Foucault. The Lille Manuscripts on Psychopathology, Phenomenology, and Anthropology, 1952-1955.* New York: Columbia University Press, 2022.

Bonnafous-boucher, Maria. *Le Libéralisme dans la pensée de Michel Foucault. Un libéralisme sans liberte.* Paris: L'Harmattan, 2001. [Trad. cast.: *Un liberalismo sin libertad: del término "liberalismo" en el pensamiento de Michel Foucault.* Cali: Extremo Occidente, 2004.]

Borges, Jorge Luis. *Obras completas.* Buenos Aires: Emecé, 1974. [Ed. bras.: *Outras inquisições.* São Paulo: Globo, 1999.]

Burchell, Graham; Gordon, Colin; Miller, Peter (ed.). *The Foucault Effect. Studies in Governamentality.* Chicago: University of Chicago Press, 1991.

Canguilhem, Georges. *Le Normal et le pathologique*. Paris: Presses Universitaires de France, 1999. [Ed. bras.: *O normal e o patológico*. Rio de Janeiro: Forense Universitária, 2009.]

Castro, Edgardo. *Lecturas foucaulteanas. Una historia conceptual de la biopolítica*. Gonnet: Unipe Editorial Universitária, 2011.

Castro, Edgardo. *Diccionario Foucault. Temas, conceptos, autores*. Buenos Aires: Siglo XXI, 2018. [Ed. bras.: *Vocabulário de Foucault*. Belo Horizonte: Autêntica, 2008. Tradução da edição de 2004].

Cutro, Antonella. *Michel Foucault. Tecnica e vita. Biopolitica e filosofia del "bios"*. Napoli: Bibliopolis, 2004.

Deleuze, Gilles. *Foucault*. Paris: Minuit, 1986. [Ed. bras.: *Foucault*. São Paulo: Brasiliense, 1988.]

Dreyfus, Hubert; Rabinow, Paul. *Michel Foucault: Beyond Structuralism and Hermeneutics*. Chicago: The University of Chicago Press, 1983. [Ed. bras.: *Michel Foucault, uma trajetória filosófica: para além do estruturalismo e da hermenêutica*. Rio de Janeiro: Forense Universitária, 1995.]

Elden, Stuart. *The Early Foucault*. Cambridge, Polity Press, 2021.

Eribon, Didier. *Michel Foucault*. Paris: Flammarion, 1989. [Ed. bras.: *Michel Foucault, 1926-1984*. São Paulo: Companhia das Letras, 1990.]

Eribon, Didier. *Michel Foucault et ses contemporaines*. Paris: Fayard, 1994. [Ed. bras.: *Michel Foucault e seus contemporâneos*. Rio de Janeiro: Zahar, 1990.]

Gros, Frédéric. *Michel Foucault*. Paris: Presses Universitaires de France, 1996.

Gros, Frédéric. *Foucault et la folie*. Paris: Presses Universitaires de France, 1997.

Gutting, Gary (ed.). *The Cambridge Companion to Michel Foucault*. Cambridge: Cambridge University Press, 1994.

Le Blanc, Guillaume. *La Pensée Foucault*. Paris: Ellipses, 2006.

Machado, Roberto. *Impressões de Michel Foucault*. São Paulo: n-1, 2017.

Macherey, Pierre. *De Canguilhem à Foucault. La Force des normes*. Paris: La Fabrique Éditions, 2009.

Martin, Jacques. *L'Individu chez Hegel*. Lyon: ENS Éditions, 2020.

Merleau-ponty, Maurice. *L'Institution, la passivité. Notes de cours au Collège de France (1954-1955)*. Paris: Belin, 2003.

Merleau-ponty, Maurice. *Signes*. Paris: Gallimard, 1960.

Pinguet, Maurice. Les Années d'apprentissage. *Le Débat*, n. 41, p. 122-131, 1986.

Potte-Bonneville, Mathieu. *Foucault*. Paris: Ellipses, 2010.

Potte-Bonneville, Mathieu. *Michel Foucault. L'inquiétude de l'histoire*. Paris: Presses Universitaires de France, 2004.

Revel, Judith. *Expériences de la pensée. Michel Foucault*. Paris: Bordas, 2005.

Revel, Judith. *Le Vocabulaire de Foucault*. Paris: Ellipses, 2002. [Ed. bras.: *Michel Foucault: conceitos essenciais*. São Carlos: Claraluz, 2005.]

Veyne, Paul. *Foucault, sa pensée, sa personne*. Paris: Albin Michel, 2008.

Vuillerod, Jean-Baptiste. *La Naissance de l'anti-hégélianisme. Louis Althusser et Michel Foucault, lecteurs de Hegel*. Lyon: ENS Éditions, 2022.

Este livro foi composto com tipografia Bembo Std e impresso em papel Off-White 70 g/m² na Formato Artes Gráficas.